Cazuá

Luiz Rufino

Cazuá

1ª edição

Paz & Terra
Rio de Janeiro
2024

© Luiz Rufino, 2024

Design de capa: Leonardo Iaccarino

Imagem de capa: Bea Machado, *"O museu do pobre é a parede de casa", frase de Tia Dodô*, 2024, óleo e acrílica sobre tela, 1,30 × 0,70 m

Verbete que acompanha a imagem de capa: Pelos caminhos que percorri estudando, me deparei com o fato de que talvez não conheçamos a imagem real de Tia Ciata, essa mulher tão importante para a história do samba e da construção cultural da nossa cidade, o Rio de Janeiro, e do nosso país. Para tentar fabular uma Tia Ciata, na intenção de respeitar sua imagem, recorri ao Dalton Paula, artista que tem um trabalho tão forte e rico na criação digna dos rostos que a sociedade forçosamente tentou apagar da história. Sendo assim, pintei uma Tia Ciata *à la* Dalton Paula. Outra importante referência utilizada nesse trabalho é a bandeira *A ordem é samba*, de Juliana Pinto, representando as novas rodas de samba, que mantêm viva a nossa tradição.

Diagramação: Abreu's System

Direitos de tradução da obra em língua portuguesa no Brasil adquiridos pela EDITORA PAZ & TERRA. Todos os direitos reservados. Nenhuma parte desta obra pode ser apropriada e estocada em sistema de bancos de dados ou processo similar, em qualquer forma ou meio, seja eletrônico, de fotocópia, gravação etc., sem permissão do detentor do copyright.

Texto revisado segundo o Acordo Ortográfico da Língua Portuguesa de 1990.

EDITORA PAZ & TERRA
Rua Argentina, 171, São Cristóvão
Rio de Janeiro, RJ – 20921-380
Tel.: (21) 2585-2000.

Seja um leitor preferencial Record.
Cadastre-se no site www.record.com.br
e receba informações sobre
nossos lançamentos e nossas promoções.

Atendimento e venda direta ao leitor:
sac@record.com.br

CIP-BRASIL. CATALOGAÇÃO NA PUBLICAÇÃO
SINDICATO NACIONAL DOS EDITORES DE LIVROS, RJ

R865c

Rufino, Luiz
   Cazuá / Luiz Rufino. – 1. ed. – Rio de Janeiro: Paz e Terra, 2024.

   ISBN 978-65-5548-129-7

   1. Crônicas brasileiras. I. Título.

CDD: 869.8
24-93685
CDU: 82-94(81)

Meri Gleice Rodrigues de Souza – Bibliotecária – CRB-7/6439

Impresso no Brasil
2024

Para as almas farristas, devotas da festa,
sabedoras das miudezas do mundo e
consagradas nos ritos comuns.
Para as almas que dobraram o tempo
e se aconchegaram no encanto.
Para as casas que fazem da memória de sua gente
um altar de beleza que espanta o aperreio.

SUMÁRIO

1. Cazuá   9
2. Porteira   13
3. Joci bom de jogo   17
4. Madureiracentrismo   21
5. Alvorada   25
6. Casa de caboclo   29
7. Forró do sete moças   33
8. Bicho menino   37
9. Cidade encruzada   41
10. Lugar de macumba é na rua   45
11. Mãe-d'água   49
12. Lei da pemba   53
13. Roça e cana   57
14. Santo brinquedo   61
15. Elegbara move os aprendizes   65
16. Vai ser só um bolinho   69
17. Ngangas, cumbas e feiticeiros da palavra   73

18. Jorge do Rio	77
19. Marafunda	81
20. Mentira de capitão do mato em ânsia por dominação	85
21. Reza para colocar atrás da porta	89
22. Pai Ogã	91
23. Oxalá e a criação das pessoas	95
24. Sonhar não custa nada	99
25. Sagrado suburbano	103
26. Maria, Mariá	107
27. Bamba do samba	111
28. O malandro era padre	115
29. Antonio Venâncio montado de Brasil	119
30. Reza de vó	123
31. Orunmilá	127
32. Para as avós do mundo	131
33. Banquete dos cachorros	135
34. Todo tempo não é um	139
35. Procissão pra Zé Pelintra	141
36. Botar roupa	145
37. Libertem os sacis	149
38. O papa negro da umbanda	153
39. Encruza	157
40. Morada	161
Glossário	165
Referências bibliográficas	171

I. CAZUÁ

> "Boa noite, minhas senhoras
> Boa noite, meus senhores
> Dai licença para um cavaleiro
> Dai-me licença para um cavaleiro
> Deus nos salve, casa santa
> Deus nos salve, casa santa
> Onde Deus fez a morada
> Onde Deus fez a morada."
>
> (Ponto de boiadeiro)

"ABRE-TE CAMPO formoso, abre-te campo formoso... nessa casa tem quatro cantos, nessa casa tem quatro cantos e todos eles têm morador, todos eles têm morador." O verso cantado nas giras de caboclos e boiadeiros das macumbas lavradas nesse chão nos convida a nos embolarmos com esse lugar chamado Brasil. Embolada é também uma maneira de falar sobre uma espécie de jogo de palavras. Uma brincadeira de sair à caça de um fio de prosa para amarrar versos. Palavra montada em outra palavra, verso atado em outro verso. Nessa peleja se costura uma embolada e se cria intimidade com o assunto. Com o toco da cisma aceso no canto da sala e sob a testemunha do santo de proteção, eu confio a vocês a pergunta: será que aquilo que nós chamamos de país é mesmo a nossa casa? Do quintal uma voz antiga chega embalada pelo barulho da caneca no porrão d'água: ora, mas que pergunta é essa? Não me avexe, tu esqueceste que é de casa? Pode entrar, a casa é sua.

Já que estamos entre os nossos vamos adiante, pois a porta está só encostada. O Brasil nos demanda mais que um banho na beiradinha de suas margens. Quem somente olha o rio ou mesmo quem avança em molhar os pés não saberá a força de sua correnteza. A lição da casa dos peixes é que só se conhecem as águas com o mergulho profundo. Nessa banda chamada Brasil tem é tempo que andam vendendo a promessa de um lugar para se encostar, já que aqui seria uma terra boa para se fazer a vida. Da sombra dos alpendres muita gente tem lido o Brasil no entremear entre a casa e a rua, mas como tecer pertencimento em um lugar em que para muita gente a porta da rua é serventia da casa?

Do sincopado entre uma batida e outra que sustentam os versos dessa embolada salta uma chave que destranca a porteira: no Brasil moram muitos Brasis. Essas muitas moradas cantam na boquinha da noite chamadas de batalhas, no amanhecer rezam a memória de suas aldeias. Ao meio-dia ponteiam lamentos de dor, à meia-noite improvisam versos de folia. Tomo a rua para firmar a aposta e a fé nas esquinas daqui. Estamos dentro e somos parte de uma casa de caboclo. O que chamam de Brasil é mais que um lugar, é também um modo mandingueiro de pregar peças, adentrar no mistério da mata, se espantar com o

CAZUÁ

esporro, armar o furdunço, romper o quebranto e apanhar a beleza. Para quem versa na cisma entre a boniteza e a quizumba sabe que os moradores fazem a casa, por isso é preciso mais do que um lugar onde se pisa. Em outras palavras, é necessário um lugar onde o encanto faça morada. Daí, um cazuá.

A voz antiga me sopra o ouvido dizendo: defuma bem todos os cantos, gira bem essa lata que é para o fogo pegar. Pede para essa moça te acompanhar com um copo d'água, acende outro toco, agora no portão. Olho ao meu redor e lá está um jardim de espadas-de-são-jorge, comigo-ninguém-pode, uma goiabeira para as crianças se pendurarem e os passarinhos fazerem farra. O santo ladrilhado no lugar mais alto do cazuá vez em quando baixa, pois gosta mesmo é de fazer estripulias de quintal. Toda vez que ele vem é uma alegria. Vamos, minha gente, firma essa palma para o meu compadre, dobra esse couro, seu menino. Meu mano, canta aquele samba raiado. Santo é feito gente, é menino, velho, farrista, malandro, no fim das contas é gente como a gente. Ele faz morada no mistério, monta no vento e se aconchega no corpo que é também uma espécie de cazuá.

Bote a renda na janela, o copo d'água com o olho-de-boi atrás da porta, cate a caneca na cristaleira e faça um brinde. Nas matas, esquinas, rodas, feiras, nos quintais balcões, no campo--santo, campo de batalha e campo formoso* habitam moradores

---

* Campo-santo é uma referência à memória dos antepassados, campo de batalha aos espaços cotidianos em que a vida se faz como labor, e campo formoso à morada dos encantamentos que guardam os mistérios de tudo que é vivo.

que disputam o Brasil não como casa, mas como cazuá. Se a casa invoca a obra, o cazuá diz sobre o espírito das coisas, daí ele se firma nos ritos miúdos, na experiência ordinária, no repertório pé de chinelo próprio das sabedorias batedoras de perna. Se cheguem, podem entrar... o cazuá é miudinho, as crianças quase batem a cabeça no teto, mas seja qual for a pessoa que consiga manter o candeeiro do coração aceso quando entra avista a imensidão do mundo.

2. PORTEIRA

"Laroyê, laroyê, laroyê
As sete chaves vêm abrir meu caminhar
À meia-noite ou no Sol do alvorecer
Pra confirmar."

(Acadêmicos do Grande Rio, 2022)

NOS LUGARES por onde a vida passa é ele o primeiro a ser saudado e alimentado. Dono do corpo, portas e mercados, ele veio antes de todas as coisas que existem no mundo e por isso participa de tudo que se move e se inventa. É a energia que, ao destruir, ergue novas formas. Ao erguer brinca com a dúvida. Nosso compadre é avesso a classificações que não comportem os avessos. Senhor das dobras e cavidades dos mundos, é ele quem tem as chaves do portão do tempo e por isso vadeia por todos os cantos nos pregando peças todo santo dia. Tudo acontece por ele e através dele.

Ele está ao mesmo tempo na criança e no cachaceiro, na brincadeira e na quizumba, regula e transgride a ordem. Montado numa formiga, rodopia o caracol do mundo bombeando o segredo da vida em nós. Corpo que não tem fim, ele nos desafia a pensar a linguagem não somente reduzida às formas, mas como o próprio sistema da vida. Muito parecido conosco, faz da contradição um samba, carrega o axé, o sopro que nos anima, a substância que nos move.

Pintado como o "diabo a quatro" pelos obcecados por caminhos retos, o moleque vadeia nos entroncamentos fazendo das certezas meros rascunhos de suas encruzilhadas. Ele esfarela verdades para soprar o pó nos quatro cantos da existência. É ele o menino que mamou no peito das donzelas, cortou a cabeça do rei, guardou no seu gorro e saiu a perambular assoviando por aí. Ele não carrega fardos, não reivindica a última verdade das coisas, ele é o acontecimento em si.

Baixa em cada palavra como ginga de corpo que rasteja miúdo na memória, escarafuncha saídas, cava vazios e aponta com o pé o lugar para recomeçar a brincadeira. Os valores da simplicidade do dia a dia, o saber da lida, a prosa para espantar a maledicência, a festa como contragolpe à miséria, a rua como poética dos errantes. Em uma esquina qualquer, uma vela acesa para velar os santos e sujeitos comuns.

O moleque gargalha, fuma o cigarro ao contrário e bafora na nossa cara: se aprume, se mexa. Parado não se vai a lugar algum. Embaraça o fio, não se sabe mais onde está a ponta, o que importa é que sabemos que "sem ele não se faz nada".

Lá foi ele com um filá* na cabeça e passou sambando miudinho entre a gente. Quem aqui é capaz de dizer qual a carapuça

---

* Para saber o significado dessa e de outras palavras, consulte o glossário na p. 165.

que veste o nosso compadre? O espanto dos moleques, o escárnio na praça pública, o feitiço soprado, a rima improvisada, a invenção no precário, o suadouro das salas de reboco, o corpo de mandinga, a devoção à alegria, o choro do recém-nascido, o pé do morro, o pé de cana, a crônica e a filosofia dos comuns, tudo que se aprende. A palavra que inscreve o encanto, corpo que abre caminhos, desmantela certezas, combate a pobreza de experiência e lança possibilidades de ser lido em vários nomes.

Exu, Eleguá, Elegbara, Aluvaiá, Catiço, Bará, Mavambo, Povo de Rua, Boca do Mundo, Pambu Njila, o menino querido de Olodumare, o guardião dos portões das casas, a primeira pedra lançada, a substância da vida... o que será que ele quer de nós?

Gargalha como tapa no pé do ouvido.

Ora, ele não quer nada. Onde um come, ele é sempre o primeiro a se saciar. Enquanto movimento, ele é incontrolável e inerente aos nossos desejos e capacidades. Porém, é também generoso com aqueles que o divertem. Bom de papo, nos deixa pistas, enigmas para que pensemos sobre as coisas do mundo.

Sabem o tal do "conhece a ti mesmo"? Então, é um verso atado em uma porteira antiga para brincar com a nossa capacidade de cismar com as coisas. Principalmente com aquilo que somos. Exu é também cada um de nós.

3. JOCI BOM DE JOGO

"Tem um sentado e tá com arma
O português da caixa sente o drama
Pistola em botequim não dá bom carma
Melhor trocar o berro pela Brahma."

("Duro na queda", Aldir Blanc e João Bosco)

"NO SÉCULO do progresso, o revólver teve ingresso pra acabar com a valentia." Assim cantou o poeta da Vila e grudou na cabeça dos malandros e otários de sua época. O verso ficou. A valentia perdeu sua poesia desde que passou a andar montada no ferro, menosprezou a ginga, o drible, a pernada e até mesmo o pinote. A "sugesta" se arvorou frente à malemolência do dizer, afinal chapéu de prego é marreta e o que todo bom otário gosta pra dar ênfase na sua escassez de manha é engrossar. "Pagar sugestão" não veste branco, não emenda rima e não sabe dobrar a esquina, não existe no mundo tamanha deselegância.

Quase um século depois os versos estão por aí insistindo em cantar a pedra. Haverá quem diga que não existe mais malandragem, talvez seja uma meia verdade. Malandragem como a dos antigos é difícil de se ver, mas procurando bem se acha. Todos sabem que por aqui ela ainda faz morada. Entretanto, diz a máxima que só existe malandro porque existe otário. Acredito que vocês concordem que esse tempo de agora é exemplar no estrelato de otários. Com esse alvoroço todo de gente sem jeito, o cuspidor de fogo está em alta. Saem em defesa dele no almoço de domingo, leva o cano na igreja para benzer, a gramática do ferro marca o devir coronel que reside em parte do nosso povo.

Enquanto o otário usa e abusa da bronca, a arma do malandro é a inteligência. Não pensem que estou levando vocês na conversa com papo de filosofia vagabunda, o "x" do problema é esse e se manifesta no cotidiano, na resolução das coisas mais simples e por isso fundamentais à vida. Para defender a minha hipótese recorro a uma história que se passou em um canto do morro da Congonha.

São José, Serrinha, Cajueiro e Congonha são os morros que firmam os quatro cantos do bairro de Madureira, no subúrbio carioca. Joci frequentava todos, entrava e saía como se estivesse em casa, e se o bicho pegasse ele dava um jeito, já que tinha as manhas do jogo. Em cada morro empenhava amores, inveja, camaradagem e disputa. O malandro, bom de lábia, curtido na elegância dos gestos finos e na sagacidade que mescla carisma e discrição, tinha na habilidade do jogo a sua principal cartada. Joci sabia que toda carta podia guardar sorte e azar, a depender da circunstância em que era sacada.

O que o mobilizava não era o ganho que o jogo lhe proporcionava, mas a aposta. Apostar, para ele, era o tempero da brincadeira. Se questionado, não dava explicações detalhadas. Era contrário à noção de vício, se declarava um seduzido pela metafísica da aposta. Foi nesse papo que Joci quase avistou o rumo do campo-santo de Irajá, no aperreio que ele passou lá no alto da Congonha a chegada na cidade do pé junto era só questão de virar o pescoço.

Na mesa do carteado estavam Joci, Porroca, Edu Capeta e Jair Boca de Bosta. Na contenção, aquele time que fica na espreita para fiscalizar se não vai ter armação, uma escalação de intimidar qualquer valente: PQD, Pantera, Claudeba, Zé Zebra, Russo Ruim, Zé Ourives, Carlin Menó, Cesar Tucano, Bizo, Vinte e Dois e Marreta. Porém, cabe dizer, para situar os de fora do contexto, que para essa rapaziada qualquer resultado que contrariasse as expectativas de Jair Boca de Bosta, o bicho feroz que garantia sua brabeza no cano, era tido como armação.

O carteado começou. Joci, malandro que é, sabe que quem não tem espora não encara rinha, assim cozinhar o galo era a saída. Deu três rodadas de forra para Jair Boca de Bosta, que nessa altura já se achava o imbatível, mas não tinha jogo de corpo para alcançar o que viria. Joci então mandou em alto e bom som: cavalheiros, está humilhante essa surra. Me permitam pôr fim a isso apostando tudo que tenho. Ao redor, o espanto, o riso, a tiração de onda e, de cima para baixo, a voz saída de Boca de Bosta: e o que tu tens para apostar de uma só vez?

Joci jogou na mesa os trocados que lhe restavam, o cordão com a medalha de santo, o anel que ostentava no mindinho, o patuá e a navalha. Jair gritou: essa merreca é o que tu vais casar? Tome vergonha. Joci replicou: como assim, não percebeu que estou apostando a vida? Muitos, sem entender que era uma jogada de mestre, tentaram convencê-lo a desistir, o que deu mais dramaticidade à cena. Jair botou o cano na mesa e disse: eu lhe mato. Joci devolveu de prima, fechado.

A rodada de vida e morte começou, cada lance era calculado e testemunhado com máxima atenção. A jogatina vinha se armando para encaminhar Joci para virar adubo em Irajá. Jair, que era um contrário à vida, vibrava de forma tosca, prevendo sua vitória. Burro n'água. O jogo virou em uma única cartada, dada como uma navalhada do artista em campo. Boca de Bosta em surto quis dar uma de brabo, do tipo que faz e acontece. Ameaçou pegar o cano e atentar contra Joci. Foi interrompido pelos que ali testemunhavam tal acontecimento. Oh, Jair, que isso. Aceita que tu perdeste. Aposta é aposta, essa é a regra do jogo. O malandro, com a elegância de quem sabe que na vida, quase sempre, vale mais a inteligência que a força, catou o que havia sido empenhado e marcou a memória das rodas de jogatina, onde sugesta não se cria. Joci naquele dia não só calou o cano com a sua sagacidade, mas também calou Boca de Bosta.

4. MADUREIRACENTRISMO

"É de Madureira, São José
É de Madureira, São José
É de Madureira, São José
É de Madureira, São José."

("Beto Sem Braço", Zeca Pagodinho)

Para Flávia Oliveira

ERA ANO de Copa do Mundo e ali nas bandas do antigo campinho de futebol, na dobra da rua Candiru, nos pés do morro do São José, a molecada se reunia para pintar o chão e o muro da linha do trem. Fecha a rua, cata os trocados de um, de outro, prepara a tinta com os corantes mais vagabundos do ramo e o que sobrar compra de bombas para fazer barulho na hora do jogo. Jorge, o maior batedor de perna do século XX, observava tudo atentamente, dotado da autoridade daqueles que apreciam o ver passar a vida na rua, vulgo fiscal da natureza, ele acompanhava o fuzuê enquanto queimava um interminável cigarro paraguaio.

Foi questão de segundos e quem ali estava foi interrompido com o manifesto: "Parem, parem com isso! Parem com essa presepada de verde e amarelo, isso já passou do limite!", Jorge montou em cima de dois engradados de cerveja e gritou em alto e bom som, socando o peito em gestos firmes e de poucos amigos. Vendo aquilo, teve quem dissesse que ele não estava só, ou mesmo que não estava puro, como falam por aí. A questão é que o velho malandro não mostrou muita simpatia por aquele enredo de pintar o seu lugar com as cores da bandeira.

Como em todo canto há um moleque mais para a frente, coube a Neném, o peste da região, encarar o Saci virado no malandro. Neném chegou batendo para o gol: "Oh, mais velho, com todo o respeito, mas o senhor está aí azucrinando a molecada que só quer enfeitar a rua para ver o Brasil jogar. O senhor parece até que não é brasileiro!".

Estava armada a cama para uma das rinhas de ideia mais brabas que já presenciei. O que estava por vir ali, admito, foi definitivo em tudo que posteriormente eu iria ler, ouvir e pensar sobre Brasil. Jorge, o malandro do morro do São José, de tantas histórias de sorte, carisma e valentia, sem esperar o quique da bola rebate nos peitos do moleque que não considerou a experiência em campo: "Vem cá, e quem disse que eu sou brasileiro? Eu sou de Madureira!".

"Eu sou de Madureira" ecoou dos limites de Engenheiro Leal até a União de Vaz Lobo, da praça do Patriarca à igreja de Santa Bárbara em Rocha Miranda, da Portelinha ao sopé da Congonha. Zumira botou a cara na janela para ouvir o resto do discurso do homem, que daquela altura, do alto do seu pa-

MADUREIRACENTRISMO

lanque de caixas de cerveja, falava como um verdadeiro chefe da aldeia: "Vou falar para vocês que ainda são muito moços e ainda estão em tempo de tomar o prumo da aprendizagem na vida. Se existe uma única verdade para mim é que em nada o Brasil me faz. Tudo que eu tenho, enquanto inteligência, caráter e ombridade, me veio de berço, do lugar em que fui plantado, da minha nação, Madureira!".

Naquela altura do campeonato, Jorge jogava com um público, que estava atento e vibrava a cada finta apalavrada, o malandro avançava livre de marcação em seu discurso. Por ali se juntou um número significativo de crianças, bêbados, fofoqueiros e cachorros para o ver bailar em campo. Tinha quem resmungasse e falasse que ele perdera o juízo, em outra ponta havia aqueles que se emocionavam com o que ali se apresentava, o critério de verdade é sempre relativo. Jorge seguia: "Não há Brasil para aqueles que, como eu, fincaram raízes nessa floresta, mundo, nação de nome Madureira."

Para mim, que testemunhei esse acontecimento, ficou o irremediável. Confesso, padeço até os dias de hoje de uma espécie de *madureiracentrismo*. Naquilo que carrego enquanto ciência, crença, convicção e fé não existe absolutamente nada que não possa ser lido, mesmo que em uma pequena ponta, por essa lente que condiciona meu olhar para o mundo. Certa vez, conversando com uma amiga de Irajá, ela me provocou a confrontar essa condição e me trouxe o argumento de que Madureira nada mais era do que um pedaço da grande freguesia de Irajá. Parei, refleti. Pode ser, mas mesmo olhando pelo ponto de vista dela tendo a firmar que o caboclo que baixou por ali e segue a baixar, fazendo graça e peleja, continua sendo de nome Madureira.

5. ALVORADA

"Estou vestido com as armas de Jorge
Meus inimigos não vão me alcançar
Tu és bondade pelo mundo inteiro
Santo padroeiro igual não há."

(Estácio de Sá, 2016)

O DIA não se levanta sem que o céu o chame em alvorada. Em algum lugar o som dos clarins corta o tempo, os estalos no céu anunciam as batalhas e o levante de sua gente. O dia se renova todo dia, como disse o poeta, assim como as lutas, medos e sensações que nos fazem ficar de pé. Sair ainda no escuro, vestir o manto de ternura e se lançar na espera do nascer do dia é um ato que revela que a luta é contínua e por isso existem momentos que devemos celebrá-la. Estaremos em Quintino, na praça da República, e em cada esquina dessa cidade onde se lança o gole ao chão para firmar a bravura, amizade e alegria.

Aqui nessa terra a mão que segura a faca também esquenta o couro para fazer a festa. A sina dos batalhadores é manter os corpos aquecidos e as esperanças acesas com a quentura de seus corações. Os campos de batalha ensinam que mais do que conquistas ou derrotas há um sentido na vida que se tece nos ciclos, nas transformações e trocas. Daí que ser guerreiro não é algo que se faz só, mas sim na companhia de um mar de gente, pois não existe glória que se desfrute sozinho e a principal honra é viver.

Alembrem-se de que uma das astúcias do campo de batalha é saber ouvir o silêncio, resguardar a simplicidade e se dispor a estar junto. A preta-velha disse: "Ninguém faz nada sozinho. Até quando se pensa ou se quer estar só, não se está." Não se confundam, mas quanto mais manso o palavreado mais profundo é o conhecimento sobre as artes de guerrear. Sem a sutileza de moldar o ferro no calor o guerreiro jamais empunharia a espada.

Eu matuto com o Brasil, me embolo com ele, me embrenho nos seus dizeres cheios de dilemas, sortes e tristezas. Como sementes do universo foi aqui que brotamos, em um chão profundo de mistérios e ensinamentos. Nascido e criado no subúrbio, em que cada casa tem um canto para guardar o guerreiro, é com esse corpo que observo os rumos da vida e as batalhas de nossa gente. É desse lugar também que forjo os sonhos e belezas que lançarei aos céus em explosão de cores e palavras de força quando baixar o dia.

O santo guerreiro não pode estar de fora dessa quizumba que vivemos. Afinal, só é popular porque sabe ouvir as contendas e demandas dos comuns. Deságuo no mar vermelho nas ruas, nas rodas de samba, nas pernadas da capoeira, abraços, viradas no tambor e brado dos caboclos nos terreiros daqui. Para mim, o que me aviva é o santo que passeia na minha memória de menino. Ele morava em uma dessas casinhas feitas na parede e alumiada com uma luzinha vermelha. Quando criança brincava com a imagem do santo. Na minha meninice o santo saía de sua morada para as minhas mãos, como moleque vadiei com o guerreiro. Hoje sei que a casinha em que reside o santo sou eu, assim como todas e todos aqueles guardados na sua companhia. O santo faz morada no corpo e a festa é para não esquecermos de brindar a vida e fortalecer as nossas lutas, mesmo quando a batalha da vida nos pede para ouvir o que o silêncio tem a dizer.

6. CASA DE CABOCLO

"Um rio inteiro em teu nome, meu Senhor
Quem é de Oxóssi é de São Sebastião
Quem é de Oxóssi é de São Sebastião."

(Mocidade Independente de Padre Miguel, 2022)

NO TERREIRO que é o Rio de Janeiro a primeira canjira do ano é o Réveillon e logo em seguida se arma a da caboclaria carioca. Nessa trilha, se canta para o Caboclo Roxo na macaia e segue-se a procissão para o santo padroeiro no dia vinte de janeiro. O fundamento plantado nessas terras não se comporta em lógica binária, afinal o encanto que somou força para sustentar o improviso atravessou o Atlântico a nado para ver a Juremeira.

A cidade erguida há séculos tem como marco de proteção a imagem do soldado romano cravejado de flechas. Porém, seguindo a máxima cascudiana de que a fama do santo é feita pelo povo, conta-se que por aqui o sucesso do cristão se deu não pela sua peleja com o imperador Diocleciano, mas sim por ele ter sido visto guerreando junto aos portugueses e aos tupinambás no campo de batalha de Uruçu-mirim. Para mim, cismado com a história vestida de grandeza e considerando que isso aqui é Rio de Janeiro, não tem esse papo de que o santo fechou no Lado A ou no Lado B. Peço licença, mas meu palpite é que Tião se encantou foi em flecha, as mesmas atiradas por caboclo de pena. Não é à toa que o olho grande do colonizador foi alvo de uma "flecha perdida", e esse fato nos ata como enigma, possibilidade para emendar um outro ponto no verso dessa cidade.

São Sebastião ao longo do tempo acumulou força na costura cotidiana do povo desse lugar. Ganhou posto de destaque na linha de umbanda, foi engolido pelo brado do povo da mata, laçado pela valentia dos boiadeiros e lançado feito tiro de zarabatana. Se enfiou nas folhas da Tijuca, se vestiu de samambaia, bebeu vinho com mel no coité e em noite enluarada sai da folha para ver Iara cantar no leito da Guanabara. Tião vadeia no agueré das caixas de seu Paulo, seu Natal e mestre André, fazendo as viradas da vida em festa. No congo de ouro e no arrebate vai buscar seus camaradinhas de outrora para bailar dança de guerra e benzer seus filhos com o penacho cor de sangue.

Santo de gongá, no seu dia se reza missa em terreiro de samba e de macumba. Para quem se encanta em flecha o mundo é um único alvo, o corpo se imanta à travessia feita no tempo, foi assim que eu vi a palavra sendo cuspida da boca da montaria do encantado. Como sabemos, por aqui eles já baixam faz é tempo, antes de toda e qualquer invenção, seja ela moderna ou tradicional. O vento encarnado em gente falou em tom piado:

CASA DE CABOCLO

"Meu filho, nós fizemos esse chão foi com nossa pisada, esse mesmo que o sinhô se faz de pé, aqui é tudo uma mesma aldeia."

É, minha gente, já faz tempo que ouvi isso, não lembro exatamente se era Sirici, Mambarés, Ararás, Juriari, Jabiri, Igaratá, Piracaia, Indaiá, Pocatu, Marabé, Paramirim, Judiá ou Puipé. Na verdade, não me lembro se eram os nomes das ruas ou dos caboclos, mas agora tanto faz, é tudo a mesma coisa. Foi em um vinte de janeiro desses, na saída da Portelinha, que ouvi o vento soprar esse verso lá nas bandas que encruzam o Sapê e a Mirinduba.

7. FORRÓ DO SETE MOÇAS

"São sete meninas, são sete fulô
São sete umbigadas certeiras que eu dou."

("Sete meninas", Dominguinhos)

O DIA 13 de dezembro guarda dois dos maiores acontecimentos da história: é nele que comemoramos o dia de Santa Luzia e o nascimento do grande mestre Luiz Gonzaga. O festejo traçado acabou transbordando, no Brasil, para a celebração do forró, um fenômeno arrebatador que, a meu ver, deve ser lido como a arte do encantamento de moldar cinturas, da acomodação de fungados ao pé de ouvidos, do cantar agudo das chinelas, das marteladas cardíacas da zabumba e do anuviar de poeira misturada a cheiro de alfazema e luz de candeeiro.

Santa Luzia é aquela que guarda a casa e alumia as vistas de todo sertanejo, é o prefixo nordestino imantado nas paredes daqueles que ficaram na lida da terra e dos que rumaram a tanger boiadas por esse país. Zelo pela minha imagem, presente de minha mais velha, que me faz lembrar o valor de mirar o visível e enxergar aquilo que não se vê.

Já seu Luiz Gonzaga, de nome dado em homenagem à santa, vagueia no invisível, *ajuremou-se* nos foles que dão o tom da festa, do lamento e da saudade. Em nossas bandas, no lugar em que há forró, em que se risca o chão como valentia em ponta de faca ou como furdunço no tracejar das alpargatas, pode ter certeza de que o "Lua do Sertão" baixa, montando os corpos em transe. Eu, como um cearense nascido no subúrbio do Rio, de nome Luiz, herdado de pai, não posso de forma alguma deixar de louvar essas duas presenças de luz: Luzia e Luiz.

O alforje dos nordestinos que transitaram para o sudeste guarda muitas histórias, muitas delas pouco conhecidas; o que me cabe é chamá-las. Assim, embalado pela magia da fé e da festa, invoco o espírito do Tempo para cruzar as bandas do Arroz, um canto no pé da serra, lugar em que meu pai nasceu, para falar da invenção da vida amiúde e celebrar um dos maiores acontecimentos dos tempos modernos – o forró do Sete Moças.

Esse forró foi criado em uma tapera na cidade de Ipueiras, no Ceará, que cresceu e ganhou o mundo. Pense você em um sujeito que resolve instituir um forró no calendário da comunidade, nomeando o fuzuê em homenagem às sete filhas – Mariana, Francisquinha, Toinha, Terezinha, Célia, Maria de Fátima e Maria das Dores. Esse sujeito era seu Antônio Gaspar, também conhecido como Sete Moças, um encantador de mundo, herói civilizador daquele Brasil que é grande.

Certa vez minha avó me contou que meu pai, ainda moleque, fugiu de casa para ir ao Sete Moças. O bicho botou a roupa

FORRÓ DO SETE MOÇAS

de missa, ilustrou a cabeleira com mamona – mais conhecida como brilhantina do sertão – e montou na bicicleta dizendo que ia para a casa do avô. Porém, na manhã do dia seguinte, o primeiro freguês de minha avó, que na época vendia leite, bateu na porta e mandou na lata: "Neuzinha, vi seu menino ontem à noite no Sete Moças! O bicho pulava igual garrote novo... dançou tanto na tapera que chegou a ficar com a cara esfumaçada de querosene do candeeiro!".

Rapaz... pense na peleja!

Meu pai chega minutos mais tarde, entra em casa e manda: "Bença, mãe! Minha avó de acolá responde: Eu não dou bênção a você porque você tá vindo do inferno." O moleque, com a leveza de quem passou a noite destravando os nós do corpo no forró, retruca: "Mainha, se o inferno for bom daquele jeito, eu vou é voltar pra lá agora mesmo!". Minha avó, sempre que me contava essa história, dava o tom do acabamento da prosa com a seguinte expressão: "Ah, cabra sem-vergonha!".

Seu Sete Moças é aqui lembrado como um grande. À frente do seu tempo, firmou na festa a arte de driblar o aperreio da lida. Comunicador e brincante chegado aos fuzuês de sala de reboco, fez uso da alegria como potência para a reinvenção da vida, muito próximo de outro compadre que conhecemos bem. Por isso, grito duas vezes um saravá para seu Sete, para os donos da festa e da alegria.

8. BICHO MENINO

"Com isso as crianças formam para si seu mundo de coisas, um pequeno no grande, elas mesmas. Seria preciso ter em mira as normas desse pequeno mundo de coisas, se se quer criar deliberadamente para as crianças e não se prefere deixar a atividade própria, com tudo àquilo que é nela requisito e instrumento, encontrar por si só o caminho que conduz a elas."

(Walter Benjamin)

NO MEU tempo de criança nas bandas do Lins de Vasconcelos, bairro do subúrbio carioca, o que não faltava eram entendedores do riscado. Na infância que cultivo como lugar de memória saltam macumbeiros de toda categoria. Sempre desconfiei de gente escassa de poesia e principalmente das que usam a prerrogativa da racionalidade como freio para não virar mundo. Fui uma criança que passava o dia brincando nos quintais da vizinhança. Do lado direito de nossa casa tinha uma senhora rezadeira que me acolhia em um terreno com galinhas, cachorros e patos.

CAZUÁ

Nos fundos de onde morávamos havia uma chácara que cultivava plantas ornamentais, frutíferas e medicinais. Na frente de nossa casa havia uma roça de santo, que em algumas noites nos embalava com cantos e viradas no couro dos tambores.

Eu passava os dias entremeando por esses quintais, brincando de maneira livre e na maior parte do tempo na companhia dos bichos, plantas e insetos. Se fosse nos dias de hoje seria um alvo fácil para os rótulos desse modo apressado e com excesso de cumprimentos em que se mede tudo, inclusive pessoas. Era uma criança que brincava fazendo repente com os silêncios e munido do brinquedo da curiosidade. Na boca da noite minha mãe colhia erva-cidreira e fazia um chá que era para a criança dormir bem e ter bons sonhos. Tenho um fogo aceso para as memórias dessa época, e por mais que muita gente duvide lembro com nitidez alguns dos sonhos que me visitavam nas luas passadas.

Sonhava com brincadeiras de quintal. O roteiro do dia se repetia durante a noite, entretanto nos sonhos as plantas e bichos falavam comigo de outra forma. O olhar miúdo do menino que caçava o mundo durante o dia, e a noite enxergava mais. O repente de silêncios da brincadeira matutina quando topava com o sono dava passagem para as vozes dos bichos que eram também gente. Lembro como se fosse hoje a vez em que uma cobra saiu de uma gamela emborcada na folhagem seca; ela se colocou de pé, bateu no peito e se apresentou.

De sua boca um piado que falava em minha cabeça: sou feiticeiro da cura de um povo, corro tempos e converso o saber dos espíritos da mata em forma de canto para toda a aldeia. Ser curandeiro, seu moço, é um estado de conhecimento inacabado, o arrebate daqueles que traduzem os limites entre ser, viver e supraviver. A ciência macerada no fundo da cuia é milenar, o palavrar dos seres que vibram no tempo escreve seu ponto de vista no pau-d'água da folha roxa, na pedra que rola da cachoeira e no corpo que rasteja pela terra. Se aqui estou é porque me abro para a transformação, a minha prosa se entoa assim, "rei caçador na beira de um caminho, não me mate essa coral na estrada. Ela deixou sua choupana, caçador foi no romper da madrugada."

Nessa noite acordei assustado. O silêncio da noite suburbana naquele canto de mundo trouxe o sono temperado com cidreira e me jogou de novo no quintal do sonho. Quando me dei conta uma garça empoleirava no abacateiro. Mirei-a, e ela com os olhos de gente me contou sobre si: voo o mundo na asa do vento, não me apresso. Conheço de tudo um pouco, no repente do silêncio o piado, me emparelho contigo, seu moço. Nasci no dorso da cobra grande, na maldita que me atiça cravei a flecha apalavrada. Cura do corpo é se banhar na areia, já a da existência é fazer morada no encante. Quer saber de mim? Conto-lhe sem nada dizer, me empoleirei no alto para ver nascer novo dia. Olho para longe e avisto o giro, meu canto é assim: veado no mato corredor, cadê meu mano caçador, cadê o caboclo Ventania, esse caboclo é nosso guia... virar mundo, seu menino, é caminho.

Acordei, menino na manhã suburbana, com o compromisso de não perder de vista as brincadeiras e encantos cultivados nos quintais. É nas brincadeiras que a gente bole com o mundo, e é no sonho que imaginamos as coisas que irão munir nossas formas de inventá-lo. É desde muito tempo que esses dois estão comigo e desde muito tempo que os chamo no canto para visitarem meus sonhos.

9. CIDADE ENCRUZADA

"União de Vicente ao Vigário
Amarelinho e o Morro do Galo
Morro do Engenho, Rocinha e Borel
Vila Aliança e Chácara do Céu."

("Rap do faz quem quer", MC Danda e MC Tafarel)

A CIDADE é um emaranhado de ruas, esquinas e encruzilhadas. Aqueles que praticam as desobediências que alumiam os mundos desconfiam das intenções da cidade-panorama, aquela que se figura como postal e está condicionada a um esquecimento das práticas de espaço. Nas ruas, o parafraseado torto, o andar de viés, os dribles, negaças e golpes operados nas frestas da cidade-simulacro nos dizem outras coisas.

Do projeto de reforma da cidade do Rio de Janeiro, iniciado no fim do século XIX, reverberam vibrações até os dias atuais. Essas vibrações vez ou outra nos confundem, fazendo com que o hoje não se diferencie do ontem. Das intenções do projeto de uma cidade cosmopolita, da virada para o século XX, até o furor de uma cidade dos megaeventos, do início do século XXI, há inúmeras histórias a serem contadas na contramão dos discursos oficiais. O Rio lido em viés revela as formas violentas de criminalização, vigilância e assepsia das culturas populares.

Quais são os modos de fazer possíveis em uma cidade que se ergueu atacando saberes e silenciando as reivindicações de grande parte daqueles que os praticam? O Rio de Janeiro é uma cidade encruzada, a vida dos sujeitos comuns se inventa nas esquinas da civilidade. É na encruza que se dinamizam os poderes que reinventam a vida, que o estrondo da gargalhada explode no pé de nossos ouvidos, e, mareadas nas nuvens de fumaça, nossas certezas e ambições se desmantelam. O corpo cambaleia, busca um novo arranjo, possível somente na ginga. A encruzilhada é o lugar onde se destroem as certezas.

O moleque corre e apanha o ônibus ainda em movimento, espera a descida do último passageiro e entra pela porta dos fundos. O moleque burla a regra. O motorista para o ônibus e exige que o moleque desça para que ele continue a viagem. Um passageiro "compra o barulho" e contemporiza, pede que se abra uma exceção, afinal as passagens custam pequenas fortunas para a maioria da população. O motorista faz graça. "Ué, e agora ainda tem advogado pra malandro?". O moleque desce e, no estrondo do não dito, algo é soprado ao pé do ouvido: "É o Malandro que advoga por nós! Deixe estar...".

No ir e vir apressado da cidade-panorama, malandro que é malandro não pode correr; há de riscar o chão com maestria e fazer a curva das esquinas de forma aberta, já que nunca se

CIDADE ENCRUZADA

sabe o que pode estar à espreita. Na cidade encruzada, saberes fazem morada em corpos que nscrevem uma contracultura da civilidade.

Jogadores de chapinha que magicamente colam o miolo de pão entre os dedos, fazendo com que jamais alguém acerte onde o mesmo estará escondido. Moleques que acompanham as senhoras nas feiras oferecendo ajuda para carregar as compras que serão desviadas no caminho para servir de alimento durante a semana, e, no encontro seguinte, seguirão com o palavreado torto – "poxa, dona, fui na frente, mas acabei não achando a casa da senhora!". Ambulantes que, em meio à falta de espaço dos vagões, transitam gritando: "O caminhão virou! Aproveita! Comprar barato não é vergonha, é oportunidade!" A catraca pulada e o grito manso: "Qual é, 'motô'? Dá pra dar uma carona? Com todo respeito! Valeu, abençoado!". Grita a máxima daqueles que poetizaram a noção de sobrevivência como o sambar no fio da navalha: *vida de malandro não é fácil.*

Há também as astúcias silenciosas, mentirosas e sutis. Em um contexto em que a desigualdade impera, o drible silencioso é uma arte, afinal "malandro que é malandro não bate de frente". Seguindo a lógica que diz que "quem não é visto não é lembrado", a "perna no mundo", o pinote, o "dar no pé" também compõem o repertório dos modos de sobrevivência nas frestas.

Na poética da malandragem, a sobrevivência se estabelece como jogo. Porém, em um jogo em que se joga no campo do outro, há de se ter astúcia. Inscreve-se aí a máxima de que "malandro não vive de sorte". O malandro é aquele que se reinventa fazendo do pouco muito. Malabarismos com o corpo, num finge que vai, mas não vai, algumas cartas na manga e uma navalha no bolso. Existe sempre um recurso a ser utilizado.

Ao longo da história do Rio, a rua protagonizou as vibrações e nervosismos dos processos de transformação da cidade, atando o nó do embate entre a cidade desejada e a cidade possível. A malandragem pulsa nos dilemas de uma cidade encruzada entre o ontem e o hoje. A malandragem é a sobrevida em meio ao desencantamento da cidade-panorama.

Desenrola-se o jogo, ruma-se a prosa... haverá sempre um drible, o improviso de um verso. Mobilizados pelo encantamento da vida que pulsa na rua, seguimos orientados pelos versos dos comuns. Assim, segue-se a vida praticada nas esquinas, se reinventando na ginga e no viés.

10. LUGAR DE MACUMBA É NA RUA

"Nunca foi sorte, sempre foi macumba."

NASCIDO NO subúrbio nos melhores dias, assim como na música de seu João, cresci em contato com toda a sorte de práticas desse território traçado. Numa encruzilhada entre o ilê de seu Paulo de Oxalá, o terreiro de Vovó Carolina, a cabana do Caboclo Ventania e a casa de dona Maria, uma senhora portuguesa, rezadeira, foi onde me vi moleque.

Macumba, para o povo que vira e mexe come nessa cumbuca, é um balaio de conhecimentos, tecnologias, redes de solidariedade, afeto e ludicidade para o trato do dia a dia. Entretanto, nessa gira da vida comum, também tinha aqueles que baixavam para armar um fuzuê. Vez ou outra, o capiroto era reivindicado pelos agentes da moralidade com seus discursos medievais. Porém, não existe má sorte que se aprume diante de um ato fraterno, uma palavra de cuidado, um batuque para afrouxar o aperto, um aluá e uma canjica que se come na mão.

CAZUÁ

Foi nesse contexto que se firmou um dos principais acontecimentos que marcaram a minha infância, um evento daqueles que nos destrói para que nos reconstruamos e que foi fundante na formação de meu caráter e civilidade: uma gira na praia. Dia 31 de dezembro, eu moleque de calça curta saio na rua e me deparo com um ônibus. Seu Turino, o mesmo que distribuía pipas no dia de Cosme e Damião, organizava tudo. Era uma cambada de gente de branco, as senhoras com seus conjuntos de viscose, os homens carregando sacolas de feira e isopores. Era possível ver lá dentro do ônibus os amarrados de flor de palma, e eu ainda ouvi uma voz que gritou: "Fulano, não esquece os fogos e o defumador!"

Santa Maria mãe de Deus! Um ônibus abarrotado da fina flor, só os bambas, só gente boa: professora, gari, camelô, vagabundo profissional, pé de cana, bombeiro, doceira, costureira, feirante, criança a "dar com pau", apontador do bicho.. ali, naquele coletivo, todos eram macumbeiros. Nesse dia, eu fiquei de fora, acabei não embarcando no ônibus, mas minha imaginação o seguiu. Algum tempo depois fiquei sabendo o seu destino: a curimba de fim de ano na praia do Leme.

Ali, aprendi que o terreiro é o que praticamos. Cada vez mais somos achatados pelo crescimento de uma cidade-simulacro, contrária às invenções da rua. Porém, a cada tambor batucado, a cada gargalhada na esquina, a cada riscado traçado na areia, na pedra e na mata, está a se rasurar a lógica da escassez para inventarmos nossos terreiros-mundos.

A macumba substanciou minha subjetividade inconformada e rebelde frente à dominação de um mundo desencantado. É ne

LUGAR DE MACUMBA É NA RUA

cessário transgredir o controle do corpo e de nossas imaginações para defendermos na rua, na gira cotidiana da vida, caminhos que apontem para a diversidade e o respeito mútuo. Despachemos a obsessão de um mundo assombrado pelo totalitarismo. Baforemos a fumaça ao contrário para nos reinventar... "Soltei periquito, soltei sabiá, virei macumbeiro de perna pro ar!"

11. MÃE-D'ÁGUA

> "Oguntê, Marabô
> Caiala e Sobá
> Oloxum, Inaê
> Janaína, Iemanjá
> São Rainhas do Mar."
>
> (Império Serrano, 1976)

IEMANJÁ É certamente uma das divindades mais populares do Brasil. Cultuada como a senhora dos mares, como aqui redefinimos, a mãe das cabeças e do sagrado que nutre a vida com o alimento que brota de seus seios é também canto que nos lança nas travessias e rotas de outros horizontes.

Iemanjá foi aquela que, quando Ogum teve medo, o encorajou a enfrentá-lo e, quando necessário, guerreou ao seu lado; que embalou o senhor da terra e transformou as suas feridas em pérolas; que entregou o poder do fogo a Aganju. Foi ela que deu à luz as estrelas e as nuvens, e de seu ventre descomunal nasceram os orixás. Iemanjá salvou o sol da extinção ao guardar

CAZUÁ

a luz dele embaixo da saia, amenizando o calor da terra com a luz fria da lua. Foi ela que, sob as ordens de Olodumare, participou da criação do mundo; que teve seu poder confirmado por Obatalá. Foi também ela que, tomada pela ira da injustiça causada a um de seus filhos, destruiu a primeira humanidade.

Senhora que guarda os *Orís* (cabeça espiritual), é o princípio que opera nos atos de renovação e nos concede a força necessária para que possamos nos guardar em um bom destino. Para um mundo parido no ir e vir das travessias do Atlântico, conhecer os poderes de Iemanjá é fundamental para a reconstrução da vida, sua renovação e integridade.

Iemanjá se manifesta como a sabedoria imantada nos corpos e memórias daqueles que atravessaram a calunga grande. Sabedoria que, no trânsito caótico de milhares de seres humanos transladados forçadamente, tranção uma esteira plural de pertencimentos, reinvenções e possibilidades. Como frutos de uma realidade inventada nesse atravessar, os seus filhos são paridos duplamente, uma vez que têm a natureza radicalizada em seu poder e também as presenças marcadas pela passagem pela calunga.

Iemanjá, no Brasil, baila de diferentes formas. A rainha dos mares e marés baixa nessa gira cruzada que é a nossa aldeia encarnando corpos diversos, cantando diferentes possibilidades de ritualização de memórias ancestrais que se contaminaram na liquidez do oceano e se espraiaram por toda a nossa costa. Como o mar, sua senhora tem vez que é calmaria, tem vez que é turbulência – assim se inscrevem as faces dessa potência nos jogos e disputas das diferenças e identidades em nossas bandas.

MÃE-D'ÁGUA

Alumbrado que sou pelos encantos da vida e pelas memórias de menino nas macumbas de praia de fim de ano, guardo Iemanjá como aquela que zela pelo meu bom destino, como aquela que, assim como o mar do bantos, é horizonte sem fim. Iemanjá é o orixá que louvo ao toque cadenciado do jinka para que me conceda o ritmo da continuidade dos caminhos. É ela também a força vibracional que encarna nos mistérios da vida fazendo baixar meninos vadios, sambadores das ondas, amantes das sereias seduzidos pelo seu canto, encantados das espumas d'água, grãos de areia e conchinhas da praia. Louvo minha mãe-d'água seja no 31 de dezembro, seja no 2 de fevereiro, ou toda vez que o balanço das águas me acalanta e me limpa.

12. LEI DA PEMBA

"Tudo que eu peço à vovó ela faz
Também o que eu peço a vovô ele faz
Ele é rei de Aruanda,
Mas vovô também manda
Quando os dois pedem junto,
Ninguém me passa pra trás
O que eu quero mais, o que eu quero mais."

("Meu pai é general de Umbanda",
Jorge Garcia, Miltinho e Regina do Bezerra)

OS FIRMADOS na lei da pemba conhecem bem o sentido do termo "trabalhador". Os trabalhadores das bandas de lá são seres incansáveis, inconformados com as injustiças e transgressores dos limites do impossível. Esses seres montam em seus cavalos e correm mundos, cruzando as sete linhas do firmamento. Em qualquer chão, sopro ritmado, reza que saúda o dia, praticam-se batalhas e mandingas.

CAZUÁ

Aqui, vivem herdeiros daqueles que navegaram o mundo na infinita cobra-d'água, os curumins subiram aos céus de carona nas asas do bem-te-vi e de lá nos alumiam ao piscar os olhos. Nas águas daqui se banham tupinambás, senhores da guerra, valentes que fazem do sacrifício da vida sua sacralização e continuidade. Os ancestrais jamais morreram, cruzaram a calunga grande, atravessaram o mar a nado para fincar tenda no Juremá. Em sua linhagem só existe morte no esquecimento; a lição que foi passada é a de avivar os seres em cada rito e palavra lançada à hora grande da lua e do sol. Por aqui cresceram as gameleiras de lá, a cumeeira do tempo que sustenta as bandas do mundo.

É por essas e outras que, por séculos, tentam exterminar esse povo. A empresa civilizatória dos "homens de bem", senhores da pólvora e da Bíblia, alimentada pela subtração das almas e línguas, pelo estupro e o espólio, ergue catedrais sobre o empilhamento de gente, e se escutam os ecos até os dias de hoje, na cotidiana ritualização da miséria. A cada palavra entoada por esses senhores repete-se também a face de um Deus que se quer único. A lei deles é essa – não cabem outras faces ou palavras, tudo se esvazia em uma única.

Tendo a palavra roubada, se inventou o mundo nos gestos, nos ritmos, nos *efós*, sopros apalavrados de magia, e até mesmo na ausência de qualquer texto direto. Erguem-se seres de mandinga, de ginga, de dobra de sentido. Assim, há de aprendermos a lição dos velhos *cumbas* e, nas virações, criar alternativas lúdicas e encantadas da vida desviante das normatividades. Assim, se rasurou a cruzada na encruza.

LEI DA PEMBA

A memória pulsa em pedras. São gente, onça, olho-d'água e o que mais quiserem ser. São brasileiros e falam muitas línguas, sambam no fio da navalha, trazem a coral na cinta e a jiboia no pescoço, carregam o mundo na cabaça – a existência não cabe na ideia de "universal". Por mais que o assombro venha a espreitar, eles saberão despachá-lo. Aprenderam o *ebó* e nos ensinam a nos lavar com as águas da tranquilidade e prosseguir a luta. Nenhum *kiumba*, de hoje ou de outrora, fará perder o caminho, que é o de se sagrar no campo de batalha. Essa é a lição dos trabalhadores que nos é passada, a política de uma terra que é diversa de gentes e jeitos.

13. ROÇA E CANA

"Eu disse mel, alfavaca
Feitiço, manjericão
Arruda e guiné
Pra dispersar o mau-olhado."

("Beto sem Braço", Geovana)

TRANÇAGEM, PARA-RAIOS, cana-do-brejo! Arruda, guiné, alfavaca! Alfazema, manjericão, fortuna! Fumo de rolo, cachaça, pimenta... De longe se ouvia Tião recitar item por item de sua banca. Erveiro de ofício e pé de cana por gosto, ele era o mais popular do setor de folhas do Mercadão de Madureira. Sabia de tudo um pouco, comprar qualquer coisa em sua banca não pagava o preço da aula que o caboclo dava aos seus clientes. Aquilo que não sabia ele se comprometia a pesquisar e marcava data e hora para a devolutiva.

Foi numa dessas que conheci o Tião pessoalmente, porque a sua fama já corria meio mundo. Parado em frente a sua banca acompanhei por quase uma hora a conversa dele com um cliente que buscava meios fitoterápicos de esfriar a cabeça. Tião foi categórico: meu compadre, o teu problema não se resolve com folha, tu padeces de expectativa. Teu remédio é a arrumação da conduta. Na dobra que saía do setor de ervas, no entroncamento com os aviários, coisa de uns vinte metros, a Zumira lascou uma gargalhada pombagírica.

O galego com os olhos arregalados tomou um sacolejo com o estrondo que confirmava a palavra dada por Tião. O sinal da cruz veio pelas suas mãos logo em seguida, como o corpo confidenciando ser testemunha daquele acontecimento. Ubiraci, o mais velho da banca do lado, natal de Duas Barras, bateu de prima: se espanta não, garoto, que Tião é dado a psicologia.

Dado a psicologia? Vocês não sabem como tinha gente que torcia a venta quando o caboclo destravava o falador. A questão é que muitas vezes os pobres dos cristãos chegavam naquele setor aquebrantados pelos aperreios da lida caçando um remédio, e Tião era certeiro. No que o portador da moléstia abria a boca, às vezes nem precisava abrir, era só Tião bater o olho que já mandava na lata a leitura. Isso enquizilava muita gente, já que foram inúmeras vezes que o tratamento era dado na palavra e o sujeito saía dali com outra cara e sem gastar um tostão sequer.

Expectativa. Seu problema é expectativa e para isso não tem folha certa, mas sim arrumação de conduta. Parafraseando o doutor Tranca Ruas, lhe digo: ao receber as flores antes de sentir o seu perfume pergunte onde é o enterro. Tião sempre arrematava citando as fontes e mostrando seu acumulado de leituras. Tudo acontecia ali em meio às ervas, favas, raízes, sementes, flores e tudo que se possa imaginar para preparar um remédio

ROÇA E CANA

ou mesmo um veneno. Os papos rendiam, juntava gente que vinha de tudo que é canto para falar sobre a vida, o passado e ouvir aquilo que Tião tinha a dizer. Quando necessário ali mesmo já se davam a receita e o remédio, quando não só a palavra era o suficiente para cuidar.

No fim do dia o homem das folhas, palavras e ideias buscava um balcão qualquer para se aconchegar. Por aí não sabem, mas camuringa também tem o seu poder, seja quando desce a goela ou quando se cospe. Tião a cada gole filosofava: remédio ou veneno pode ser aquilo que se bota para dentro ou para fora e nesse entremeio tudo que é demais é sobra. O caboclo macerava o conhecimento ao seu modo e do seu jeito conversava com todo tipo de gente, bicho, alma e planta. Quando perguntado sobre de onde vinha tanto saber, ele, sujeito simples que era, firmava que vinha da roça.

Para Tião o segredo está em saber roçar, é preciso atentar que toda folha tem algo a nos ensinar, tem seu momento e valia. Era categórico: o que muito doutor lê no papel, eu leio na folha. Sou analfabeto de papel, mas letrado na escrita da folha. Tem coisa que se lê no papel que é quase igual ao que se lê na folha. Tem coisa que se lê no papel que é diferente de como está escrito na folha. Mas o mais bonito mesmo no meu modo de ver é a diferença de quem escreve. A planta, o pé-de-pau, o cipó, a semente, a fava, a terra, a água, os pássaros e insetos, esse bando todo, todos eles escrevem na folha, ao contrário do doutor, que só escreve no papel. O bom é que eles escrevem na folha e nós podemos ler, mas para ler tem que tomar lição com quem escreveu. Por isso que eu conto minhas histórias por aí, falando desse mundaréu de coisas cheias de vida. Afinal, tive boas professoras.

A lição da mestra camuringa chegava ao último gole, e como se acordasse de um sonho Tião despertava em alto e bom som; trançagem, para-raios, cana-do-brejo! Arruda, guiné, alfavaca! Alfazema, manjericão, fortuna!

14. SANTO BRINQUEDO

"(Ogum) é quem dá confiança
Pra uma criança virar um leão
(Ogum) é um mar de esperança
Que traz a bonança pro meu coração
(Ogum)."

("Ogum", Claudemir, Marquinhos PQD)

QUANDO CRIANÇA, morava em uma casa de vila no subúrbio da cidade. Vizinho de um terreiro de candomblé, era comum, nos finais de semana, o som do vassi ritmar a imaginação de moleque. Houve uma época em que não existia muro que separasse o terreiro do local onde morávamos, o que tinha era uma espécie de barranco que fazia a divisão. A brincadeira era escalar aquele amontoado de terra, areia e pedra e descer correndo. Um dia, após descer o barranco e dar com a cara no chão, encontrei um monte de continhas vermelhas enfiadas em um cordão de algodão. Catei as contas para mim e as enterrei ali perto – as chamei de pedras preciosas.

CAZUÁ

Nessa mesma vila, a última casa era de uma senhora portuguesa. Lá tinha mangueira, goiabeira, uma pequena criação de galinhas e um casal de cachorros. Passei minha meninice nesse quintal, ia para lá logo cedo e ficava brincando com os bichos, com a terra, com as formigas e as pedras. Dona Maria era rezadeira, fazia invocação de cura na ponta da faca, no galho de arruda e no copo d'água; era médium do Tupiara, uma famosa casa de umbanda no bairro do Lins. Com a memória alumiada, lembro-me do dia em que essa senhora me deu uma pequena imagem de São Jorge para brincar.

Ah, minha gente, vocês não sabem a força que essa lembrança me traz. Ali estava eu, um moleque de calça curta e pé no chão, cumprindo aquilo que eu significo ser o meu primeiro rito religioso. Passei uma manhã inteira arrebatado pelo encanto do cavaleiro. Naquele dia, o guerreiro saiu de uma casinha, daquelas furadas na parede e iluminadas com uma luzinha vermelha, para cair na mão de um moleque que o enfiava por dentro do quintal, esmagava formigas e corria atrás das galinhas.

Dona Maria, que me conhecia desde meu primeiro ano de vida, me falava coisas que só hoje eu cismo de pensá-las. Alguns anos se passaram e, ainda moleque, porém mais frangote, fui para Madureira. As contas vermelhas ficaram lá enterradas, e o santo, brinquedo de menino, voltou para a sua morada. Lá nas bandas que encruzam Congonha e Cajueiro, onde morávamos, a brincadeira de moleque ficou mais séria. O que era alumbramento, festa e afeto tornou-se responsabilidade. O ir e vir nos terreiros, a essa altura, já tinha um outro tom.

Passaram-se algumas luas, alvoradas e giras. Fui amontoando em meu balaio esporro de fogos, abraços, conselhos, lembranças e benzeduras. Cruzando as bandas do subúrbio cheguei a um terreiro como aquele que virava a noite no repinique do vassi. Na zoada dos cauris, foi dito que as contas e o santo guerreiro estavam enterrados em mim.

Sou daqueles que creem que a vida é simples, mas a gente, para se fazer de entendido, arruma jeito de embolar o troço. Mas embolada é ritmada feito coco de roda ou verso de partido--alto, se amarra aqui para desatar acolá. Guardo com afinco o amarradinho soprado pelo bugre trabalhador da linha de seu Iara: "Meu filho, o pouco é muito e o simples é o bonito."

Assim, desato o verso para lançá-lo em um novo improviso: o guerreiro de altar e o de gongar vadeiam em meu quintal. No meu corpo, mora parte daquele que trilha os caminhos da invenção do mundo. Afinal, o que somos senão natureza? Orixás, encantados e santos, formas de escrita, interação e compartilhamento com a beleza da vida. Todas essas formas nos cruzam, somam forças e nos embalam, nas viradas do *rum*, a cortar o vento com nossos alfanjes para que, dos cacos picotados, montemos nossas histórias.

O guia que me guarda baixa em uma casinha no subúrbio, é morador dos cantões de mundo que se distanciam de tudo aquilo tido como grandeza. Se veste como sua gente, se banha na areia, se aviva na festa, no alimento e no *gungunado* do tambor. Vadeia em jogo de pernada, brinca com os moleques e protege os malandros e os distraídos da rua. É ele que me leva a percorrer caminhos, andar pelos tempos e repousar na beira d'água. É ele que me faz mirar o espelho e perceber que o inimigo que me espreita é a imagem refletida.

15. ELEGBARA MOVE OS APRENDIZES

"Leba laro, ô, ô, ô
Ebo lebará, laiá, laiá, ô
Leba laro, ô, ô, ô
Ebo lebará, laiá, laiá, ô."

(Beija-flor de Nilópolis, 1989)

SOU UM sujeito crente na educação ao mesmo tempo que sou um caboclo desconfiado das "verdades" que insistem em tentar apreendê-la. Educação, para mim, é um efeito que aviva o ser, o arrebata e o lança em um redemoinho de dúvidas que com seus movimentos são capazes de abrir caminhos. Sua labuta é o que nasce do sincopado entre cisma e encanto; salta das pessoas, seus modos de vida e fiar das experiências.

Esse inventário, infinito e imensurável, é também esquiva e afronta, é ginga para "homem, menino e mulher". A minha lavra enquanto educador é exatamente a de fazer esses amarrados e ofertá-los nas esquinas. Faço isso por fidelidade ao que chega até mim, por rebeldia também, e por pensar o fenômeno educativo como fundamento para as transformações radicais. Nesse sentido, sou levado por aquilo que me forma e seduz.

Assim, sou calçado na cisma jongueira e raspado para o orixá da utopia. Alumbrado pela virada dos toques que vibram as invenções corriqueiras, faço emenda com o verso de Paulinho da Viola, que, para mim, define parte do fenômeno educativo como: *as coisas que estão no mundo e precisamos aprender*.

A educação é inquietude, é o assovio no canto da porteira que faz bulir a ordem do jogo. O terreiro em que ela dança é, primeiramente, o dos seres, seus corpos e fazeres. A escola, aquela em que todo mundo senta o cacete, tem dito mais sobre a vigência do jogo a ser transgredido do que sobre esse radical imantando nos viventes. A escola, que podemos e devemos praticar como aldeia, terreiro e quintal, é tudo que se inventa e inventaria nos ritos cotidianos.

Perseguindo um fazer pedagógico permeado por cismas e encantes, miro a educação como sendo axé, conceito dos povos de terreiro. Força geradora e presença potencial em tudo aquilo que é criado e dotado de vivacidade. O axé se transmite, se multiplica, se renova e se desperdiça; circula entre todas as coisas, seja no Orun ou no Ayê, produzindo efeitos de alteração, dinamismo e vitalidade. Em alguns mitos, Ifá nos revela que Exu é o portador do axé. A divindade da linguagem é tanto o portador da energia vital de Olodumare, como também aquele que transporta o axé de todos os orixás.

Exu é quem samba nos limites de nossas razões como elemento propício para pensarmos a educação como fundamento da vida. Dessa forma, o que o dono do corpo quer é que nos movamos,

ELEGBARA MOVE OS APRENDIZES

que inventemos no descompasso da ginga o golpe inesperado, aquele que irá nos refazer e demonstrar nossa incompletude.

A educação como axé é inquietude e transgressão; é um fenômeno que nos desencadeia, pois não se deixa apreender; é um ato contínuo que desautoriza a certidão dos métodos. Falante e escritora em todas as línguas e sotaques, se reconstrói a cada dia como uma ação múltipla e inconclusa. Dessa maneira, a educação é lida aqui como efeito daquele que é responsável pelas transformações e acabamentos de todas as coisas, aquele que, por ser anterior ao tempo, traz em si todas as possibilidades.

É Exu que está a gerar, nas cisuras de cada fazer, a mobilidade, o inconformismo, a curiosidade e o desejo. É Elegbara que move os aprendizes. Um modelo de educação que se opõe ao seu poder é, a rigor, contrário aos movimentos e às transformações. Dessa forma, atento às cismas e aos encantos guardados nas margens e esquinas, sigo as orientações daquele que é minha maior referência; sigo perseguindo uma educação como axé e sendo conduzido a pensar as coisas do mundo a partir das peripécias de Elegbara.

16. VAI SER SÓ UM BOLINHO

"Bebeu demais
Comeu de tudo
Dançou sozinho
Encheu o bolso
De salgadinho
Foi pra fila da pipoca."

("O penetra", Zé Roberto)

SOMOS UM povo chegado às brincadeiras e festas. Qualquer pessoa que busque arrematar o caráter de nossa gente terá tendência em defini-lo como brincante e festeiro. Afinal, no rico caldo cultural que embebe essa terra explode um repertório inacabável de traquinagens, celebrações e outras maneiras de dar um chega para lá no miserê e nos perrengues da lida. Motivo para juntar a turma, batucar, embolar o corpo, encenar os dilemas, cantar as belezas, aperreios, tirar gosto e molhar a palavra é o que não falta. Brincar, festejar, ao contrário do que dizem alguns bacharéis em petulância, típica daqueles que não

CAZUÁ

credibilizam a diversidade e os mistérios da vida, é uma tática para o enfrentamento das dificuldades. Como nos ensina o farrista Luiz Antonio Simas, se faz fuzuê não porque existe falta da tal "consciência política" para lutar contra as desigualdades do mundo, mas exatamente pelo contrário. É por existir tanta dureza que ninguém aguenta o tranco sem transgredir essa lógica com ritos de alegria.

Dessa forma, é sobre a dimensão dos ritos que precisamos nos ater. O rito tem como principal questão a inscrição de uma experiência que não se reduz à fé. Assim, independentemente da crença que se é compartilhada, o rito pode vir a ser cumprido sem que haja qualquer comprometimento. Por isso, nas culturas populares, elementos como contradição, coexistência, ambivalência e diálogo são pontos-chave para as práticas. Tendo como pressuposto essa dinâmica, os ritos são uma extensão do corpo comunitário, inscritos como o exercício do ser na trama da experiência coletiva e na complexidade da vida. Nesse sentido, praticar o rito e pensá-lo como inscrição de nossas presenças nos mais diferentes tempos e espaços é parte constituinte daquilo que entendemos enquanto comunidade.

Ritualizar a vida nas mais diferentes formas de inventar os cotidianos é tarefa que faz com que a diversidade de experiências se mantenha acesa e substancie esperança para desenhar um novo dia. Os ritos nos permitem ensaiar a vida e nos lançarmos nas múltiplas possibilidades de relação com as existências. Afinal, somos achatados por um modo que se quer único, padroniza tudo e blinda as sensibilidades diante das sutilezas do mundo. A celebração de um tal "desenvolvimento civilizatório",

VAI SER SÓ UM BOLINHO

o consumo como demanda do desejo, a insensibilidade com a natureza transformada em mero recurso e a perda de sintonia com a experiência coletiva nos levam a compreender que uma das maneiras que se tem de alterar o humano como radical da diversidade é comprometendo suas criações e sociabilidades. Por isso, atentar para os ritos e para a comunidade é uma emergência do nosso tempo.

Daí, sabe aquela máxima soprada nos quintais desse Brasil menino: *pode chegar que vai ser só um bolinho*. Quando vai se olhar o tal bolinho é preciso um bando de gente para amparar, esculpido no glacê e bordado com finas fatias de maçã, pêssego em calda, uma coroa de morango e uva verde. Existem também aqueles que trazem a beleza e a doçura de uma avalanche de jujubas. Esses são os bolinhos dos quintais dessa terra, negaceiam a grandeza e fartura da festa no nome em diminutivo.

Daí, quando se diz: "vai ser só um bolinho", não importa o que se concretizará em termos materiais, mas sim em força ritual e comunitária na capacidade de espantar o aperreio com alegria e comunhão de gente simples que sabe os atalhos de dar nó em pingo d'água. O enigma por trás do dito "bolinho" é a capacidade de se armar fuzuês que nutram o espírito brincante e criativo dessa gente que faz da festa uma artimanha de torcer o rabo da maldita.

Festejar, brincar a vida, traz para o brasileiro um corpo de afetos, que, a despeito das contradições postas nas narrativas que disputam a comemoração com desejo de totalidade, se torna indispensável pelo nobre motivo de ritualizar as voltas no tempo. Das prosas amarradas nas esquinas, dos encontros nos subúrbios, barracões e quintais dessa terra a capacidade de significar vida em experiência coletiva é algo que pode ser despertado a qualquer momento, e nos convoca ao ritual de renascermos a cada instante como exercício de esperançar por um mundo em que a alegria seja compartilhada.

17. NGANGAS, CUMBAS E FEITICEIROS DA PALAVRA

"Ah, eu sou jongueiro cumba
Sou jongueiro cumbambá
Põe a tumba na cacunda
Ninguém vai me perrengar."

("Jongueiro cumba", Wilson Moreira e Nei Lopes)

AS ALMAS sempre estiveram na minha companhia, e isso é algo que me faz feliz. Reafirmo que as presenças das vovós e vovôs da umbanda se encruzaram a mim pelo rito cotidiano e não necessariamente pela fé. Pode parecer confuso, e é possível que esses aspectos não se separem, mas, para um moleque plantado no subúrbio carioca, o discurso da fé às vezes é uma problemática difícil de ser desatada.

Em outro ponto, a lição que é tomada nos fazeres da lida vai nos forjando, nos dando o prumo; depois de um tempo você descobre que o que chamam de fé, na verdade, é carinho, amizade, confiança, cisma, medo, tudo junto e misturado.

Assim, continuo a seguir o caminho amparado pelas mãos dos velhos, que, sempre que me arrisco na busca da glória apressada, me chamam à lição de dobrar a idade e de que nada se constrói de uma vez. Ou, como diria a máxima cunhada pelos poetas feiticeiros, "entrar com pé de pinto e sair com pé de pato".

Falar manso, vez em quando, é sinal de firmeza, assim os velhos com seu palavreado vão revelando um amplo repertório de saberes. O dobrar, o dizer, o desembaraço dos enigmas, o alargar o tempo, as diferentes formas de cura, o pouco que é muito e o simples que é bonito. Essas são parte das *mumunhas* confiadas nas contas dos rosários, conhecimentos avivados e nutridos à base das canjicas de dona Aparecida, da carne-seca com abóbora de dona Sú, do café lançado ao invisível e da ave--maria às seis da tarde.

Não à toa, os velhos são lembrados, nas palavras de gente simples, como os psicólogos das macumbas. Me percebi menino em um lugar onde havia muitos terreiros de umbanda. Perto da escola onde eu estudava, um deles juntava filas de consulentes na sua porta. Eu mesmo, quando criança, fui tratado nas mandingas dos velhos. Me diga quem nasceu e cresceu nos subúrbios do Rio ou nos cantos desse Brasil que nunca foi encruzado por essas presenças? Mais tarde entendi que não há aperreio no mundo que os velhos não enfrentem com palavras de alento e *mirongas* para enganar a dor.

Foi no encruzar dessas experiências que aprendi que é Cipriano que faz a casca do pau contar as histórias de outrora; é o velho Joaquim, seu Benedito e Beneditinho que tecem o

NGANGAS, CUMBAS E FEITICEIROS DA PALAVRA

balaio de experiências dos *ngangas* e *cumbas* nas margens de cá do Atlântico; é Maria Conga que nos encoraja a vencer as demandas.

São esses conhecedores das folhas, curadores espirituais, poetas encantadores, guardiões das memórias, inventores de dizeres e mundos que zelam pelas sabedorias imantadas em outras gramáticas. São eles que baixam por aqui em passos lentos, aparência humilde, desenhando o chão com movimentos, embolando versos, anuviando o transe com a fumaça pitada dos cachimbos.

A linha de pretos velhos aparece nas macumbas brasileiras feito amarração de jongo. A imagem cativa, passiva e resignada destinada aos mesmos nada mais é do que um estereótipo produzido por uma sociedade racista. Não se engane com a marcha lenta e a toada mansa dos velhos. Eles são *ngangas, cumbas,* senhoras e senhores das dobras na linguagem e conhecedores dos segredos do tempo.

Firmo o ponto, lanço o verso ao ar: em meio às flechas sorrateiras que nos espreitam em nossos tempos, tranquilizemos nossos passos, na força dos velhos, seguindo a máxima, tem demanda, mas também tem vence-demanda. Afinal, "foram as almas quem me ajudou, foram as almas quem me ajudou, pelo divino Espírito Santo, viva Deus, nosso Senhor".

18. JORGE DO RIO

"Eu andarei vestido e armado com vossas armas
Para que meus inimigos tendo pés não me alcancem
Tendo mãos não me peguem
Tendo olhos não me enxerguem
E nem pensamento possam ter
Para me fazer mal."

(Oração de São Jorge)

FUI PLANTADO no Rio, para mim o mundo nasceu em uma esquina do bairro do Estácio e a humanidade baixou em uma birosca na avenida Edgard Romero. A condição forjada na fronteira e nos ritos de consagração do cotidiano me permite mirar a cidade como terreiro. A lâmpada vermelha e miúda acesa para o santo no alto da casa de vila alumia as batalhas e a vadiação que riscam a vida e me fazem sentir outro tempo. Na cidade fundada pelos portugueses o padroeiro é São Sebastião, porém naquela praticada nos buracos da urbe quem comanda a gira é São Jorge.

CAZUÁ

General da banda de geral, o santo guerreiro é o catedrático do povo comum. Seus altares são de suor, músculos e goles de cervejas arriados no chão. O santo de gente simples vela a vida do alto dos botequins e escanchado nos pescoços de seus devotos. Se nos impuseram modos de civilidade rasuramos esses com os saberes da rua, é por isso que uma cidade-terreiro, inventada cotidianamente entre o imprevisível e o possível, demanda de um santo valente que guarde os seus praticantes.

Os que cavalgam em sua companhia incorporam seu axé para substanciar a ginga diária, a esquiva, o rolê, e quando se acha o vazio se dá o bote. Não à toa, São Jorge é o signo abraçado pelos praticantes das sabedorias de fresta, aquelas paridas nas montagens dos cacos de um mundo despedaçado. Dessa maneira, minha gente, para pisar nesse terreiro há de se fazer caminhos por encruzilhadas. É na encruza que se baila, faz rodopios, se come com vontade só para cuspir de volta.

Nesse chão pisaram aqueles que fizeram a travessia da morte e aqui plantaram seus segredos. A legião de Jorge é feita de herdeiros de caboclos de lança, aqueles que bradaram e pisaram firme no chão da aldeia. O vermelho, sangue dos guerreiros, e o verde das matas ornam o capacete de nossos guias. A sabedoria transladada pelos povos africanos encruzou-se à dos moradores de cá. Se um dos princípios da invenção do Novo Mundo é a guerra, a violência, a subordinação e o desvio, por aqui se inventaram esquivas e afrontas.

Nessa toada, se vai diariamente aos campos de batalha invocando um signo guerreiro que nos vista, seja trajado de mariô, capacete de pena ou capa vermelha. O que se deu por aqui negaceia como a ginga elegante de seu Leopoldina. O princípio é um estalo no vazio, o fim é pedra lançada às avessas no tempo. O rito é a festa, sem miséria os moleques brincam, lógica que confronta o desperdício provocado por um mundo desencantado e monológico. Nos fuzuês se invocam a fartura e o avivamento em contraposição à escassez.

Por aqui, o povo elege seus santos, eles bebem e comem com a gente, dão o papo reto e nos convocam à responsabilidade do agora. O signo guerreiro que nos guarda ordenou que o dono da rua zele pelas esquinas que iremos dobrar. O general de nossa banda apadrinhou o mestre encantado para não esquecermos que a luta é como o balanço da canoa, é preciso ter jeito de corpo. O capitão de nossa nau guardou na proteção de sua falange as faixas de areia para ouvirmos o canto de Janaína, rompeu mato para fincarmos as tendas de nossos velhos guerreiros e nos guardou o segredo do mariô para que nossas casas estejam protegidas sob a graça de sua bandeira. É ele, imantando em meu altar de sangue, suor e músculos, que guarda a minha proteção e a minha única fragilidade. Que os fogos do raiar sejam o bradar dos guerreiros de ontem, de hoje e de amanhã na Guanabara.

19. MARAFUNDA

"Pensou me amarrar
Marcou bobeira
Vou me banhar, vou me jogar
Na cachoeira
Não valeu rezar
A noite inteira
Pra me ganhar, pra me ganhar."

("No mesmo manto", Beto Correa, Lúcio Curvelo)

OS PRETOS velhos nos ensinam: "Às vezes, no não dito se revela, e naquilo que parece ser explicitamente dito se esconde." Matutemos com esse dizer daqueles que baixam para alumiar os caminhos e nos ensinar a enfrentar as dificuldades. No corre gira de nossas vidas estamos a responder ao *outro* a todo instante. É com base nesse saber que se firma a toada da responsabilidade por parte dos praticantes das filosofias de terreiro. Entretanto, existe algo que espreita e lança um dilema que remonta ao traço mais radical daquilo que subalterniza essa gente há tempos, são os pensamentos nutridos pela catequese colonial. Afinal, mercado e religião são elementos fundantes da colônia Brasil.

Existe uma série de fatores que podem ser listados para justificar a cisma com aqueles que fazem da fé profissão e atalho para a manutenção do projeto teológico-político encarnado pelo assombro do colonialismo. Nessa marafunda se expressam inúmeras violências sofridas pelas comunidades de terreiro. Ressalto que compreendo como praticantes de terreiro aqueles que inventam o mundo a partir dos saberes transladados do continente africano que confluem com modos já aqui presentes e tantos outros em trânsito. Assim, dando contornos ao problema, eu diria que sambistas, capoeiristas, jongueiros, candomblecistas, umbandistas, catimbozeiros, juremeiros, adeptos do catolicismo popular e demais "macumbeiros esculhambados", como eu, estão todos diretamente enlaçados a essa demanda.

"Desatemos o nó." O que podemos esperar quando mercadores da fé dizem que não misturam política com religião? A meu ver, é aí que o laço se aperta e somos cada vez mais atados. A marafunda lançada emerge como uma mentira que nos cristaliza mais ainda no lugar de subalternidade produzido ao longo de séculos de política colonial. Devemos estar atentos às estratégias que cruzam premissas teológico-políticas com o loteamento da esfera pública a favor do livre mercado, reguladas por aparatos de força que reivindicam, na moral, nos bons costumes e na ética cristã, as justificativas de repressão e extermínio da diferença.

Refaço a consideração de Cascudo, que sugere que no Brasil, em termos sociológicos, psicológicos e subjetivos, é impossível não misturar política com religião. É aí que a filosofia dos "nego véios" de Aruanda nos ajuda a arregaçar esse "caô": "Quando se diz que não vai fazer, aí sim é que vai operar exatamente o contrário." O nó que deve ser desatado é aquele soprado pelos homens dos caminhos retos, que amarram seus discursos na defesa de projetos que representam a manutenção dos privilégios de uma minoria e a subalternização da maior parte da população em favor de um ideal postado de forma contrária à diversidade.

Os terreiros são invenções táticas e transgressivas que confrontam as lógicas de poder e dominação do Estado erguido nas vigas coloniais. Ser de terreiro compromete os seus praticantes com a produção de ações responsáveis, inclusive no que diz respeito às violências de raça, gênero e classe. Os terreiros se firmaram com base em lutas, alianças, diálogos, inventando formas políticas de relação com o mundo. Ser de terreiro, portanto, implica responsabilidade em combater o racismo e as atuais formas de colonização. Para isso, haverá de se improvisar outros versos por cima dessas demandas que nos espreitam. A ampliação dos terreiros-mundos e não a redução deles, assim gritariam os trabalhadores do encanto: *macumbeiros* do mundo, uni-vos!

20. MENTIRA DE CAPITÃO DO MATO EM ÂNSIA POR DOMINAÇÃO

"Nem tudo que reluz é ouro
Nem tudo que balança cai
Cai, cai, cai, cai, cai, cai
Capoeira balança, mas não cai."

(Verso de capoeira)

MESTRE PASTINHA versou a seguinte máxima: "Capoeira só é capoeira quando não se rotula." Em meio às manhas da brincadeira do jogo de corpo, saio em defesa da capoeira como sabedoria que nos permite, entre inúmeras coisas, reconstruir os seres e cismar com o pensamento. Ou seja, não tem essa de corpo separado de mente, a capoeira nos ensina que é no movimento que existimos. Nesse tom, venho defendendo que ela é um conhecimento potente, versado no fundamento negro--africano que se remonta no Brasil, e quem saca do babado são os velhos mestres.

CAZUÁ

Há quem pense que a máxima pastiniana mencionada acima se reduz ao que compreendemos enquanto capoeira angola e regional, que são tidas como estilos diferentes da prática. Nesse caso, sou daqueles que implicam com as simplificações e aposto que, "nesse buraco, tem cobra dentro", entendendo, assim, que o aforismo do velho mestre remete a capoeira a uma experiência plural. Ou seja, a capoeira é uma sabedoria múltipla, dotada de diferentes formas de inteligência, linguagens, que se expressa como algo inacabado, inapreensível e faz morada no corpo.

Tenho lido a capoeira enquanto forma de educação, considerando-a uma potência inconformista. É óbvio que não reivindico o meu pensamento como algo único; o que faço é me lançar no jogo. Há quem a considere de outras maneiras, e invista esforços para que se domestique em determinados padrões. Porém, nesse jogo, parto da defesa de que ela se autonarra e nos convida a pensar sobre relação e sobre os nossos atos.

A sabedoria do mestre nos diz: "Capoeira é mandinga de escravo em ânsia por liberdade." Ora, a brincadeira de vadiação que tanto nos faz bem é parida como uma ação, entre o imprevisível e o possível. A *mandinga de escravo* reposiciona os corpos encarcerados e subalternizados pelo racismo. Vamos pensar sobre isso. Corram as voltas que o mundo deu e invoquem os ancestrais que resguardaram esse saber e verão que a capoeira é uma ação de vida, contrária às formas de dominação.

Mantendo esse princípio, o jogo de corpo segue integrando tudo e todos na lógica da roda. A capoeira versa sobre Deus e o diabo, abraça as alegrias dos meninos e dos velhos, mata com a flor e acaricia com a faca. A capoeira, enquanto força criativa,

MENTIRA DE CAPITÃO DO MATO EM ÂNSIA POR DOMINAÇÃO

encarna os seres mais diversos e atravessa as mais diferentes visões de mundo. A roda, enquanto um microcosmo, é o rito que celebra essa diversidade de formas possíveis.

Porém, fora da pequena roda, ou seja, no cotidiano, cada vez mais se inventam coisas que precisamos cismar. Aí, eu pergunto a vocês: para que serve uma capoeira contrária à diversidade se o pressuposto do jogo demanda a diferença? O velho mestre, montado pelo saber ancestral, já diria que "não se rotula", que não há uma única forma, o encanto dessa arte é feito cobra que morde o rabo, não se sabe onde começa nem onde termina.

A capoeira nos ensina muita coisa, inclusive mostra a fragilidade das formas previsíveis e normativas. Parida nos trânsitos, rebeliões, fugas e desejo de libertação, ela é dotada de um caráter inconformado com as injustiças. É feita de contradições, ambivalências e tensões, mas não da negação da diferença. Negar o outro é "anticapoeira", é incoerente com a sua própria existência.

Certa vez, fui a uma roda em que o mestre, convertido à religião neopentecostal, tinha proibido o uso do atabaque. Em outra, o corrido que falava sobre o *navio negreiro que reza para Iemanjá* foi trocado por *o navio negreiro que reza para Jeová*. Mestre Pastinha versou que a prática não se sabe onde começa e muito menos onde irá terminar. Assim, a capoeira está aberta a manifestar tudo que há no mundo, desde que jogue com a diferença.

A capoeira, sendo tudo que a boca come, serve para todos; nesse sentido, respeita a liberdade individual daqueles que a cruzam. Porém, o seu caráter múltiplo como uma sabedoria gingada não pode se fixar em um único lugar ou movimento.

A capoeira é uma força que nos arrebata, manifestando-se de muitas formas, todas lançadas ao jogo, aquilo que nunca se faz só e que não permite consentimento. A lógica do jogo celebra o plural, o imprevisível e o inacabado. O jogo é o conflito que gera inventividade, pois redimensiona a diversidade do mundo em forma de rito.

Ao pé do berimbau a capoeira chama a Deus para sagrar o campo de batalha, faz valia de tudo que é sagrado e do que não é. Como canta o corrido: "É defesa, é ataque, é ginga de corpo, é malandragem." Creio que as reivindicações que tendem a suprimir esse caráter plural, em um país em que a conversão é um dos pilares da dominação, não chega a ser uma novidade, mas sim uma triste consequência. Nas voltas que o mundo dá, jogamos também com aqueles obcecados pela captura, mentalidades assombradas pelos fantasmas de sinhozinhos, coronéis e capitães do mato.

De toda forma, a capoeira faz valia de tudo que há neste mundo, atravessa qual for o terreno, entra para dentro do mato e lá arma sua casa de caboclo… bote certeiro. Quando tentam capturá-la, baixa o encante feito Besouro Mangangá, que avoou pra Aruanda. A capoeira não se rotula, é arrebate, é reza para corpo fechado.

21. REZA PARA COLOCAR ATRÁS DA PORTA

HÁ QUEM pense que o caramujo é lento, quem o vê assim não sabe o que é ser constante.

O que se pode fazer com paciência não se pode fazer com ira.

A paciência é gêmea da sabedoria.

É sábio não brigar com o tempo.

A suavidade é a meta dos artífices.

Não se caminha só com os pés, mas com o corpo inteiro.

A paciência é a virtude que diz que nem tudo compete.

A sabedoria do mais velho é a de cuidar do menino como um quintal.

22. PAI OGÃ

"Quem cuspiu a canjibrina no santo
Veste branco em dia de Oxalá
Tem a ginga do andar do malandro
Não é qualquer um que vibra na força de Ogum
Valei-me Deus, um saravá
Axé, mojubá, zambi e kolofé."

("Desse jeito", Fred Camacho e Luiz Antonio Simas)

ALABÊS, RUNTÓS, cambondos, xicarangomas, curimbeiros, batuqueiros ou, como ouvi da boca de uma mais velha no culto aos orixás, *pau para toda obra*. Ogãs, aqueles apontados para ser ao mesmo tempo pais e filhos, olhos de zelação, dobradores do vento que conhecem as mumunhas dos arrebates e do bordar palavras de encanto no invisível. Bênção, meu pai! O Brasil precisa conhecer e aprender com esses seres de força dupla, homens e meninos consagrados nessa terra. Aprender com eles a zelar o obé para o corte preciso e a afinar a palavra e ritmo para a viração de um mundo novo.

Dos mais jovens aos mais experientes são eles suportes e aprendizes das sabedorias, da memória encarnada no canto, dança, folhas e imolação. *Não* dormem, dão de conta da festa, da louvação, e quando necessário da quizumba. Aprendem de tudo um pouco, rodam gira, são levados pela fé e pelo furdunço. Afinal, santo, nesse caso, é caráter que ginga no balanço entre o sagrado e o profano. Daí os cabras não medem esforços, papocam os fogos na baixada do povo de lá, fazem vaquinha pra cerveja, seguram a onda e firmam a toada. Tidos como seres de personalidade peculiar, são capazes de em uma noite ir de grandes vaciladas até levar todos na virada do transe. Entre suas inúmeras funções uma sobressai: vibrar emoção.

Quem diz que ogã não vira não sabe que eles são da viração. Comem com o tambor, quando se calam é porque a boca de ngoma fala por eles, essa é a divindade que pega suas coroas, corpo vira tambor, tambor é corpo, existência em couro, madeira de lei e ritmo. Daí, meus camaradas, nasce um mundo. Os braços viram asas, a palavra é laço para *catar um a um* e atar quem não é convidado. Saúdam a aldeia, enxergam de longe a sucuri arrastando o boi para dentro d'água, o vô fazendo mandinga no pé do cruzeiro, o capitão da rua a tomar de conta do portão, o mais velho a rolar no chão e o guerreiro a golpear o ar.

São da patota do povo miúdo, não existe o mais rabugento desse time que não se dobre com a cusparada de guaraná, daí se rendem a fazer festa pra molecada. Colecionam padrinhos e comadres, molham a palavra e gargalham juntos. São dispostos às rodas, esquinas, sambas, capoeiras e fazem os fluxos do dentro e fora, feito jogo de corpo miúdo. A palavra que sai

PAI OGÃ

de suas bocas tem poder, daí a responsabilidade, pois, mesmo nascendo feito, a confirmação, reconhecimento, encantamento desses *seres* para o mundo é princípio comunitário. Daí mais um sentido de ser pai e filho.

Seja qual for o terreiro, a pertença, as marcas, a forma como se desenha o rito, do portão para dentro ou para fora, como certa vez ouvi da boca de um encantado: "Ogã é ogã em qualquer canto." Da roupa de ração suja ao canário de linho, se carrega o fio cruzado no peito ou o patuá no bolso, dos que muito sabem ou dos que fazem do pouco muito, dos apontados, raspados, confirmados e com a coroa lavada, o ogã mora na palavra que joga para o mundo, faz dela seu cavalo e sua própria condição de existência. Que esses meninos do encanto façam valer a função de suas jornadas nesse terreiro-mundo, que as suas palavras tenham força de honra, caráter e encanto. Bênção, meus velhos! Que os homens do Brasil possam aprender essa lição.

23. OXALÁ E A CRIAÇÃO DAS PESSOAS

"É é mor í ó é mó rí Ifá ó,
É é mor í ó é mo rí Ifá ó."

(Eu vi, eu vi através de Ifá,
Eu vi, eu vi através de Ifá.)

(Cantiga para Oxalá)

OBATALÁ MOLDOU em barro os seres humanos e Olodumare soprou a vida em cada um. Obatalá, o "grande orixá", o "rei do pano branco", é também conhecido como Aláàbáláàse, aquele que realiza o axé. Ao grande "senhor do branco" foi destinada a criação dos humanos após ele aprender a importância do cumprimento dos sacrifícios. Oxalá, assim como nos acostumamos a chamá-lo por aqui, nos ensina, dentre muitas coisas, a segurança dos caminhos, a continuidade dos passos, e que a natureza dos seres é proveniente da mesma substância. Sob a proteção do *alá* de Babá, olhamos ao nosso redor e reconhecemos que o nosso mundo é o barro, é de lá que viemos e é para lá que retornaremos quando chegar a hora da nossa grande travessia.

Somos suportes encarnados pelo sopro da criação. A cada palavra, gesto e inscrição de nossas presenças no tempo, estamos a inscrever em tudo a nossa própria vida. Não à toa, durante a criação dos seres, nomeado como humanos, Exu trabalhou firme junto com Oxalá. O guardião da porta permaneceu na casa de Babá por muito tempo, e lá tudo aprendeu. Exu é aquele que conhece tudo acerca dos humanos, é ele que infere movimento e criatividade.

Se Babá modula os seres a partir do barro primordial e Olodumare os encarna com o sopro da vida, Exu é aquele que lança essas criações em um campo em que cada um responderá sobre os seus atos. Assim, mesmo não cabendo nos limites da mentalidade do Ocidente, Exu é aquele que estabelece a ética entre os humanos.

Para Obatalá, aquele que deve ser lembrado por todos nós, não há ser de "primeira ou segunda linha". Somos barro e sopro divino, as nossas ações são versos que lançamos no jogo dos acontecimentos, os nossos atos calçarão os caminhos que percorreremos e marcarão o peso de nossas pisadas, o nosso caráter. Porém, em nossa sociedade, Babá ainda é bastante desconhecido, e, se já ouviram falar dele, o negam enquanto forma de explicar o mundo. Na civilidade proposta para nós, o mundo é cindido entre seres de carne e espírito e seres transformados em mercadoria. A regra que tem regido o jogo nesse mundo é que a vida de uns vale mais que a de outros.

Um dia retornaremos ao barro que forjou a nossa condição humana. O sopro de vida que nos foi concedido retornará ao Orun, e as nossas presenças imbricarão à consciência ancestral

OXALÁ E A CRIAÇÃO DAS PESSOAS

que será cantada pela memória daqueles que virão depois de nós. Cumpriremos o ciclo feito planta, bicho e nuvem passageira. O sacrifício imantará a vitalidade desse complexo organismo que é o universo.

Enquanto isso, encarnados em nossos corpos moldados de barro, faremos a luta da mesma maneira como fez Babá quando moço. Destruiremos para reconstruir esse modelo de civilidade que tem sido contrário à vida em sua diversidade. Um modelo que produz seres em detrimento de outros. Certamente não foi esse o ensinamento deixado por Babá.

24. SONHAR NÃO CUSTA NADA

"Sonhar não custa nada
O meu sonho é tão real
Mergulhei nessa magia
Era tudo que eu queria
Para esse carnaval."

(Mocidade Independente de Padre Miguel, 1992)

SONHAR NÃO custa nada. O memorável samba da Mocidade Independente de Padre Miguel de 1992 nos chama a não esquecer a força dos sonhos. É na passarela da vida e no acontecimento do carnaval que amarro um pensamento sobre um Brasil que para existir precisa sonhar. Nesse quadro é importante lembrar que o sentido da vida é a própria manifestação da diversidade, que de forma ecológica conflui, se integra e compartilha as energias em equilíbrio. Dessa maneira, o sonho, ao contrário do que muita gente pensa, não está vinculado com aquilo que não é real, mas é atividade necessária na manutenção saudável do que é vivo.

Nas reflexões de Sidarta Ribeiro e Ailton Krenak, ambos nos falam sobre a importância dos sonhos, assim como nos alertam sobre os perigos da perda de intimidade com eles. Esse distanciamento com os sonhos pode dizer sobre um modo de vida adoecido, que sinaliza também o nosso esquecimento com o que somos em radicalidade, natureza. O cientista nos lembra que recuperar a boa relação com os sonhos é ponto-chave para a manutenção da saúde e para uma maior compreensão de nossas existências e jornadas. O xamã nos fala sobre a força dos sonhos na capacidade de alargar subjetividades e ampliar possibilidades de interação com o tempo, adiando a catástrofe que o humano, ao se afastar do sentimento de natureza, criou para si e para todo o planeta.

Afastados dos bons sonhos que, como oráculos, podem nos apontar veredas de um mundo mais justo com a sua gente, bebo da poção mágica que a Acadêmicos do Grande Rio, em seu enredo sobre Joãozinho da Gomeia no carnaval de 2020, nos ofertou ao fazer baixar Tatá Londirá na Sapucaí. Afinal, as caboclarias dessa terra, sabedoras de um amplo repertório de tecnologias encantadas, conhecem os segredos das folhas, frutos, cascas e cipós que, ritualizados, têm o poder de imantar os sonhos em nós como processos de cura e libertação. Afinal, cada elemento da natureza que tem o poder de acessar as dimensões mais profundas da existência humana é dotado de espíritos que guardam a sabedoria profunda de sua gente.

A curimba feiticeira armada na avenida teve a força de acessar o inconsciente de uma terra que anda sufocada pelo terror de um projeto de Brasil que não contempla a diversidade de seus

SONHAR NÃO CUSTA NADA

moradores. Joãozinho da Gomeia cantado pela Grande Rio é o signo de um sonho que precisa ser apanhado para que o Brasil em sua diversidade de jeitos, gentes, e liberto do mau agouro da casa-grande, possa emergir como curso político e poético de um mundo novo que precisa ser praticado de forma urgente.

Como cantando no sonho e no samba, a visão que parecia dor anuncia a presença de um modo que inspira e orienta a vida para além dos limites que violentam a diversidade. Dessa maneira, para ser bicho e gente, arte e política, remédio e veneno, ser o que se quiser ser, há de se atravessar o pesadelo e fazer da vida um enlace de fios que sejam capazes de agarrar os sonhos, cuidando para que nenhum sopro de má sorte nos faça perdê-los de vista. A sina de todo caboclo dessa terra que não se perde dos sonhos da aldeia é atravessar o tempo como uma flecha que se lança sem a pretensão de saber onde irá cair. Afinal, toda a aldeia sabe onde mora o segredo, no mais profundo de si.

25. SAGRADO SUBURBANO

"Um, dois, três, quatro, cinco, seis
Eu vou botar criança
Na cabeça de vocês."

(Ponto de Ibejada)

É NA infância que reviro os caminhos para o agora. Nesse lugar de memória, aconchego e criação vadeia um sujeito que se agarra no menino e nas observações, experimentos, assombros, pelejas e desejos de mundo que ele partilha. O que passa pela infância permanece, como sugeriu o filósofo de escuta atenta com as crianças. Foi na macumba em Turiaçu que despertei depois de uma cusparada de guaraná. Primeiro o susto e em seguida a sentença: seu moço, não existe grandeza sem valer do miúdo.

Com a cara lavada de guaraná e estapeada pela metafísica do Erê, o que me restou foi dar um gole em um preparado de groselha, suspiro e jujuba na esperança de me reposicionar em relação a minha arrogada adultice. A bebida, tanto a ingerida quanto a que serviu de banho, fez baixar outros tempos que se abriram como caminho. Me voltei imediatamente para o que habita de mais sagrado em mim, o moleque que corre mundo no 27 de setembro.

O dia amanhecia e lá estava um batalhão de crianças de prontidão portando bolsa de mercado, mochilas e roteiros de quais ruas, casas e estratégias eram as mais oportunas para a conquista dos saquinhos de doce, brinquedos, roupas, lanches e cartões de festa. As bacias estavam a nos esperar no fim do dia e a meta era enchê-las. Daí, naquele dia valia de um tudo, trocar de roupa no meio da correria, adoecer o pobre do irmão, catar um bebê para ser visto no tumulto, matar aula de forma coletiva e lotar a macumba, as praças e ruas ao alto e bom som do: salve as crianças!

Peço licença, e afirmo que por mais que eu peleje não caibo em outro lugar que não seja as ruas, quintais, árvores, vilas, casas, terreiros e calçadas em que brinquei. Haverá quem diga que é nostalgia, da minha parte louvo a festa, a vida como brinquedo e o fazer graça como artimanha para ludibriar o aperreio. Engana-se quem menospreza a sabedoria e a força de um Erê. Não há ser no mundo que não freie qualquer aceleração ao ouvir: Durpai! Durmãe! Diante um modelo de existência adulterado pelos excessos de produção, consumo e competição, a molecada baixa para nos chamar na responsabilidade de não perder o olhar miúdo que conduz o moleque. Acostumados a cultivar promessas e ansiar por milagres de diferentes ordens nos afastamos da criança e esquecemos que nela reside o encantamento como atitude brincante de experimentar o mundo. A brincadeira nos reposiciona para outras possibilidades de sentir,

SAGRADO SUBURBANO

pois faz música com as imprevisibilidades que tanto aperreiam o modo adulto de ser.

Saindo em defesa do virar ponta-cabeça como orientação política e poética para enfrentar as pelejas do nosso tempo firmo: sagrado mesmo é brincar. Entretanto, a maioria das pessoas não brinca, pois esqueceram como se fia essa arte fina. O adulto, em geral, acha que brincar é coisa de criança, ao ponto que reivindica a negação do termo para legitimar a sua adultice: eu não estou para brincadeira! Assim, faz uso da expressão como se ela creditasse certa seriedade ao seu modo de ser. Não percebe que nesse tom se perdem maneiras de poetizar a vida, que o brincar é um refazer de nós mesmos pelos fios da beleza e da alegria.

É na brincadeira que se roçam sonhos e se cultivam subjetividades para atrasar o passo e driblar esse tempo de insônia. Brincar é fazer política, de mão em mão, fiada em apreço comunitário, pois nos reposiciona enquanto pessoas. Brincar nos remonta diante daquilo que foi adulterado.

Daí, cabe a pergunta para acender a cisma: o que deixamos de sentir quando nos tornamos adultos? Com os corpos, risos, imaginações e desejos controlados é fundamental lembrarmos que necessitamos sentir e pensar o ser criança como orientação na tarefa de inventar outros modos de praticar a vida.

26. MARIA, MARIÁ

"Pra ser rainha não é só sentar no trono
Pra ser rainha tem que saber governar
Pra ser rainha não é só sentar no trono
Pra ser rainha tem que saber governar."

(Ponto de pombagira)

NO BRASIL, no amplo complexo das macumbas, as pombagiras, faço aqui a minha aposta, são as presenças que mais nos provocam a pensar como as práticas de saber, macumbeiras, se encruzilham e tecem repertórios táticos de luta contrários às violências impostas por um padrão de existência que se quer único. Para essa conversa parto do pressuposto de que a macumba compreende uma série de experiências, sabedorias e textualidades que investem na produção de repertórios de defesa, disputa e potencialização de seus praticantes e comunidades. Dessa forma, mesmo que exista a necessidade de reafirmar de maneira continuada a sua defesa, sobretudo frente à ação sistemática do racismo, o posicionamento político que assumo é que a macumba vai muito além daquilo que sempre falaram e continuam a pregar por aí.

O signo pombagira emerge desestabilizando os arranjos controladores da semântica colonial. A principal hipótese que a coloca em evidência se dá pela força do seu caráter interseccional no que tange raça e gênero. É importante lembrarmos que raça, racismo, gênero e patriarcado são vigas do edifício colonial, e são categorias fundamentais para entendermos como o projeto de dominação partiu desse padrão de poder para avançar na violência dos corpos, captura de subjetividades, castração da liberdade, exploração do trabalho, sequestro de cosmogonias, assassinato de saberes, imposição da língua, instituição do pecado, objetificação de existências, promoção da catequese, regulação do prazer e desmantelo das relações e sentidos comunitários.

É importante ressaltar que o padrão de poder contrário à mulher e de dominação do feminino não se inicia em 1492 e 1500, entretanto cabe chamar a atenção para as singularidades desses processos na arquitetura do Novo Mundo. O destaque fica pelo trânsito de múltiplos sentidos de mundo que têm no feminino/mulher lugar distinto daquele posto pela agenda dominante. Uma das questões implicadas seria como essas experiências subalternizadas e suas práticas de saber confluíram e se riscaram como modo tático de emergência da mulher, suas liberdades, relações e identidades.

Não nos enganemos, mas pombagira existe para fazer política cotidiana em defesa das suas. Como já foi cantada a pedra, elas fazem uma política de vida que tem o corpo e memória como motrizes que fortalecem as matrizes ancestrais e comunitárias. "Arreda homem que aí vem mulher… arreda homem que aí vem mulher…" Ora, se não seria essa a toada que ritma o fazer miúdo, cotidiano, tecido pelas mulheres nas margens desse mundo aquebrantado pela fobia dos machos em relação ao poder feminino. Desaba nos viventes daqui os destroços de um mundo que se quer armado no protagonismo do pai e filho feitos à imagem e à semelhança de Deus. Onde estão as inúmeras narrativas que têm as avós e mães como princípio explicativo de mundo? Para conceber essa centralidade ao homem, já que ele não pode parir, pintou-se a mulher como a diaba, tendo a sua existência e corpo como própria residência do pecado. Esse é o papo dos ditos homens de bem, defensores da família, da moral e bons costumes. Obcecados pela dominação, eles são tacanhos o suficiente para não perceber que não se pode apanhar a ventania.

É no corpo de mulher, em transe, trânsito, e em sua força enquanto presença, saber, estética e política, que esse vendaval corre mundo, corre gira e abre caminho para um amplo debate sobre aquelas que ao longo do tempo foram violentadas em sua liberdade, dignidade, nome e se firmaram na margem como Maria. Afinal, na família de pombagira só não entra quem não quer… Não são uma, duas ou três as histórias de mulheres que têm nessas presenças encontrado as formas de dar contorno às demandas da vida. Quando perguntadas pelo seu nome ou o nome de quem as guarda, a resposta é simples: filha, irmã, neta, comadre, mulher de Maria.

CAZUÁ

Se perguntarem, mas Maria do quê? A resposta sem fim pode assim começar: do que ela quiser. Marias das histórias comuns, dos quatro cantos do mundo, do corpo caçado, modo reprovado, riso escrachado, quadril transbordado, nome amaldiçoado, dos caminhos que só quem é mulher sabe, entende, acolhe e cura. Na monocultura do estupro tentaram te calar com nome de puta, na terra de nome embrasado só o teu texto que educa. Ensinar teus versos da escola ao cabaré, para dar lição com pó, deboche, ponteiro, navalha, espinho, riso, graça, gozo, agulha, linha, feitiço e o que mais ela quiser. Educar essa cambada que veste calça a aprender a respeitar mulher. Quem está no mundo e não veste a carapuça é bom se ligar no que se escreve no chão, na rua, na sombra da lua. O aço da navalha corta e consagra conforme ela quer; assim, perna de calça, vai aprender a respeitar rua que tem nome de mulher.

27. BAMBA DO SAMBA

"Sorria!
Que o samba mata a tristeza da gente
Quero ver o meu povo contente
Do jeito que o rei mandou."

("Do jeito que o rei mandou", João Nogueira e Zé Katimba)

EM UMA das narrativas que contam as proezas dos orixás há uma que diz como Exu atravessa o tempo e faz as coisas acontecerem. Em suas peripécias ele incendeia o ontem na faísca riscada agora. Exu está em tudo e em tudo está, é a pedra primordial que se despedaçou para dar corpo, movimento e graça a tudo que existe, existiu ou ainda irá existir. Sendo ele a primeira pedra lançada, sua inscrição marca o caráter inconcluso da existência, dúvida e invenção diante de qualquer circunstância.

Exu atravessou o Atlântico, e sua presença nas margens de cá do oceano nos ensina sobre as coisas do mundo. Recorro a ele como filosofia, e às suas várias chaves conceituais, para ler a diáspora africana como um acontecimento encruzilhado. Se por um lado esse acontecimento tem como uma das marcas ser consequência da tragédia da escravidão moderna, do outro registra o caráter inventivo das populações negras em dispersão e a força dos seus saberes na disputa pela vida. A diáspora africana emerge como categoria analítica que diz desde as experiências em dispersão das populações negras ao longo de séculos até as suas culturas em perspectiva globalizada.

Tenho apostado que a presença de Exu, como sabedoria praticada nos cotidianos, é uma das principais marcas da não redenção do projeto colonial. Dessa forma, onde Exu come, vadeia e brinca é sinal de que esse projeto não venceu. Entretanto, a peleja está posta. Mesmo não se sagrando vencedor, a guerra colonial permanece até os dias de hoje. Exu não é investido de interdição por uma lógica que se quer única à toa, mas sim por ele ser um radical no que diz respeito à presença, ao saber, à linguagem, à estética, à ética e à política negro-africana na diáspora.

Dessa forma, mesmo considerando as variáveis cosmológicas nas experiências dos diferentes grupos étnicos transladados para cá, podemos lançar a hipótese, fazendo valer a máxima de Exu como o "múltiplo no uno" e o "um multiplicado ao infinito", de que nos fluxos transatlânticos Exu se manifesta em múltiplas identidades. L'Onan, Legba, Eleguá, Bará, Elegbara, Mavambo, Aluvaiá, Bombogira. Nomes e sobrenomes para dar corpo e movimento às infinitas Marias e Zés, povo da rua encruzilhado nas esquinas do Novo Mundo, atravessado e em travessia na calunga.

Exu nos possibilita não só encruzilhar uma teoria da diáspora africana, como também riscar pontos sobre as suas

BAMBA DO SAMBA

invenções, práticas culturais. Muniz Sodré nos diz sobre como o orixá, o dono do corpo, é uma chave para o entendimento da síncope do samba. No contraste entre o tempo fraco e forte, o vazio deixado, terceiro espaço, é preenchido pelo corpo, seja como som, palavra ou movimento. Exu é a presença, negaça, elemento terceiro que dá corpo para a síncope do samba, assim como para a ginga da capoeira, o drible no futebol, a dobra do surdo de terceira na escola de samba, a montagem do funk, o miudinho riscado com elegância pelo passista, o tempero não revelado pela iabassê, a carta na manga do jogador, o verso improvisado no partido-alto e as infinitas maneiras de fazer praticadas nos cotidianos pelas várias textualidades afrodiaspóricas.

Se o samba, como uma das manifestações das culturas de síncope, se faz no preenchimento do vazio pelo corpo, no carnaval esse corpo vadeia, se espraia em praça pública, zomba, brinca, gargalha, aterra, enunciando repertórios que retiram as máscaras da regulação das práticas para retomá-las como festa. Exu é o dono do corpo e de seus poderes (Bará e Elegbara), mas é também o senhor da festa, alegria e beleza (Odara).

Ao longo de mais de cinco séculos contados nessa banda que chamamos de Brasil o que impera é uma política de violência sistemática aos corpos. Uma política assente nos ditames do racismo, do gênero e da colonização. Exu dá o tom para uma virada linguística e uma política da presença que faça valer o sincopado e transgrida esse padrão de poder imposto. Não à toa, ainda pregam por aí em tom de promessa de salvação: "Sai desse corpo que não te pertence!". No pé da orelha, como um

113

bamba da velha guarda sambando no miudinho, Exu diz: toma o corpo que ele é teu e com ele faça festa.

Se o samba se inscreve como astúcia, sagacidade, ludicidade e poesia das corporeidades negro-africanas em diáspora, Exu em sua face múltipla encruzilhada no Novo Mundo é a linguagem que dá corpo e abre passagem para ele brincar nas avenidas da alegria.

28. O MALANDRO ERA PADRE

"Chapéu de prego é marreta."

(Aforismo da malandragem)

SEU ZÉ Pelintra, que é rei em Aruanda como versa seu ponto, é bamba na cidade do Rio de Janeiro. Imigrante nordestino, como meus parentes e milhares de conterrâneos espalhados pelos sete lados dessa aldeia, soube entrar, sair, descer e caçar um vazio para transitar na urbe projetada para ser uma marmota parisiense. Seu Zé como todo bom canoeiro conhece sobre balanço, daí catou os fundamentos da sua terra e vestiu o terno branco para atravessar a lama sem se sujar. Misturou-se nas maltas dos malandros históricos da cidade, subiu o morro, amanheceu na calçada, fez moradia onde o tipo mais comum entre os humanos, os otários, não chega por falta de talento.

O que o xamã vestido no linho e aparando o sol com um panamá risca no chão desse lugar? Para o barão dos comuns saber um pouco com paciência e jeito vale um mundo. Ele improvisa: "Você pensa que é esperto, mas lagartixa sabe mais, ela sobe na parede, coisa que você não faz." Seu Zé sopra no pé da orelha outra emenda: "Razão para quê, se não garante a sorte no jogo, entretanto mesmo com sorte é você, jogador, quem executa o ato." Se liga, jogador. Malandro não, talvez um desavisado com sorte. O que seria a rua se não fossem também os otários, que como disse são muitos, né? Cadê a poesia de outrora, a escrita sutil da praça pública, das palavras que pisam suave até enganchar nas escutas. Ainda há Maria e Zé para atravessar o deserto de poesia desse tempo que vivemos? Sabe qual é, perderam o tino do jogo. Ruins de jogo, ginga e jeito, esquecem que a vida é relação, mesmo quando não se quer.

Segue o baile cotidiano. A gente vai tocando a vida no sapatinho e quando menos se espera arruma uma brecha para fazer graça. Eis, um belo dia, e cá estava eu, sem pensar nem imaginar, até que surgiu o convite de um compadre da rua, vulgo Moringa, que manda: Meu velho, vamos na festa de seu Zé? Pronto, uma convocação e lá estava eu pontualmente posto no fuzuê. Festa na rua, curimba, pagode, cachaça, cerveja, mulher, malandro, praticantes da rua, calor de fevereiro e um padre para rezar missa. Isso mesmo, um padre de batina e o escambau em plena Lapa para rezar uma missa.

Sururu formado, era uma pá de gente não conseguindo disfarçar o estranhamento com a presença do clérigo. Tinha malandro que ponderava e levava na diplomacia, tinha chegado, mas, dado a valentia, que queria jogar o nome do padre na praça usando o argumento de que em casa de malandro otário não recebe guarida. A questão é: quem faz o malandro muitas vezes é o otário, e tem muito malandro que por se achar esperto

O MALANDRO ERA PADRE

demais acaba pegando a fama indevida. Em outras palavras, malandragem é estar para o jogo, e para transitar é preciso balanço na andança da relação, que se escrevem com riso, graça e jeito as várias maneiras de fazer poesia com a vida.

Cismado, catei meu compadre e lasquei o palpite: "Velho, esse padre é mais malandro que muita gente aqui." Moringa confirma com uma piscada de olho e arremata: "Também estou achando." Papo vai, papo vem, um puxa um samba de lá, outro firma um ponto daqui, no botequim um banjo atravessa os ambientes e o coro segue com o samba do Salgueiro. Para tudo! Alô, meu povo, vem geral. Chega para cá, debaixo dos Arcos, que a missa vai começar. A malandragem se junta, o padre toma o centro do círculo, começa com uma conversa mole e pede um chapéu. Surge um cambono disfarçado de coroinha trazendo na mão chapéu, cerveja e cigarro. Naquele instante os desavisados já sabiam que malandro que é malandro não explana. Seu Zé veio de padre para a sua festa.

É, minha gente, isso é fato verídico das terras de São Sebastião. Tem quem diga que pelas bandas da Carioca circulam os seguintes versos: "Nesse meu Rio tem fatos além do ordinário [...] Existe chapéu de malandro em cabeça de otário! Na sua festa o malandro aprontou para os compadres, botou batina de santo e fingiu que era padre [...] Sururu formado, chamaram até reportagem [...] mas ninguém desconfiou que o malandro era padre. Não foi um sonho, cachaça ou alta magia [...] tirou o terno vestiu a batina na maior diplomacia."

29. ANTONIO VENÂNCIO MONTADO DE BRASIL

"Levanta cedo pra labuta que eu tô pronto
Eu muito conto com meu Deus que tá no céu
Eu tenho a senha pra correr em todo canto
Humildade e a disciplina dos sermão que mãe me deu

Eu tenho a senha e meu cavalo já tá pronto
E em cima da cela eu mostro que eu mereço meu troféu"

("Eu tenho a senha", João Gomes)

SOU DAQUELES que crê que a saída de um Brasil encalacrado no desencanto está no próprio Brasil. Permitam-me rumar a prosa. A meu ver, o quebranto posto por um projeto de nação decadente e desigual teme a força daqueles que feito a floresta conhecem as profundezas do chão. Por aqui tem gente que coloca os ouvidos na terra para escutar as funduras, aprender com os caminhos de quem por aqui passou e se manter cultivando esperanças para alumbrar os rumos dos que irão vir.

A esperança enquanto prática miúda, tecida e compartilhada nos saberes e afetos cotidianos é uma espécie de antídoto que dribla a força do quebranto. Firmo na aposta de que precisamos nos banhar, lambuzar, entoar, vibrar, brincar e aprender com os Brasis profundos que insistem em caçar vazios para inventar soluções, pedir licença à mata para tocar encantarias e confluir nos segredos, belezas e ritos que fortificam a aldeia. Precisamos aprender com aquilo que é ordinário e habita nos corpos que por aqui caminham, mas que o quebranto lançado pelo olho grande da dominação tem insistido em minguar.

Por isso recorro à sabedoria dos comuns, que entendem o quebranto como um adoecimento posto por aqueles contrários ao ato de confluir e compartilhar. Em conversas com quem entende do babado ouvi que o quebranto, curiosamente, não é o responsável direto por causar a morte, mas sim por minguar as forças dos seres que foram aquebrantados. O quebranto, em suma, é uma artimanha do desencanto. A pergunta que me tenho feito e compartilho com vocês é: como não ser visto por esse olho que se quer tão grande que tudo que vê desencanta? Como assumir a presença, sem medo de ser visto, mirar dentro dos olhos do assombro e vencê-lo?

Para caminhar por essas perguntas recolho as histórias que meu pai me contou enlaçadas nas suas memórias de menino. Meu pai conta que meu avô, meu bisavô, meu tataravô e mais um tanto de parentes eram vaqueiros. Os vaqueiros, mais que trabalhar com o gado, zelam pelos mistérios que envolvem esse fazer. Pelas palavras de meu pai é coisa de gente que vive encourada, fala a língua da terra, conhece o remédio da folha e o

ANTONIO VENÂNCIO MONTADO DE BRASIL

perigo das tramas infinitas de galhos secos. Irmanados no gado, íntimos do silêncio, da inocência e da farra, são seres que entendem dos mistérios miúdos que correm na grandeza do mundo. É nas histórias guardadas na memória de menino, alumiadas por ensinanças de Brasis, que aparece o véio Antonio Venâncio.

Vaqueiro sem rumo, vivendo de canto para canto, aportou nas bandas do pé da serra da Ibiapaba no Ceará e por lá ficou. Trabalhou, fez roça, família e história. Do que foi sendo fiado de escuta a escuta o que nos chega hoje é que o véio Antonio Venâncio tinha seus mistérios. Gostava mesmo era de viver no silêncio, o cristão que o via cortava um dobrado para arrancar uma palavra que fosse. O véio se entremeava bem era com bicho e folha. Os bichos ele amansava, nutria amizade, os brabos mesmo ele catava na coragem e das folhas ele tirava o remédio. Ele sabia como conversar com elas e as convencia de ceder o segredo que cada uma guardava. Entretanto, tinha quem tivesse era medo dele, carregava fama de ter vista forte e onde batia o olho revelava um destino. O que era certo mesmo é que tinha fama de catimbozeiro, ninguém nunca viu nada, mas sabia que no corpo trazia algo.

A fama do velho se fez mesmo em um episódio que muita gente jura que se repetiu por inúmeras vezes, o que fez correr a sua fama do Crato a Crateús, do Ipu ao Canindé. Tudo começou quando um dia o véio se levantou às quatro da manhã, como era de costume ao ser despertado pelo canto do galo. Pulou da rede e ainda no escuro catou o porrão para pegar um caneco de água. Deu um gole, deu outro, catou o cigarro de palha no bolso da camisa e a lamparina pendurada no prego, acendeu

121

primeiro o cigarro e quando soprou a primeira baforada avistou a maldita armada para dar o bote. A jararaca alargou a boca e se lançou, o véio não ameaçou resistência e só esperou o golpe de azar da maldita. A bicha cravou as presas na perna dele, a peçonha escorreu misturada ao sangue. A única coisa que o véio fez foi mirar nos zóio de fogo dela e ela soltou. Serpenteou para fora da casa e quando passou da porta caiu dura no alpendre.

Não foram duas ou três vezes que o véio Venâncio encarou bicho de peçonha, e toda vez que uma danada dessas se colocava a dar o bote era ela quem morria. O quebranto lançado pela maldita não era mais forte que os segredos que o velho carregava com ele, e na peleja era ela quem caía. Ela podia o espreitar, trair, dar o bote e envenenar, mas nunca o derrubou. O que esse véio tinha o povo que conta não sabe ao certo, mas dizem que do modo de viver embrenhado com as profundezas do chão é que ele extraía o aprender. Haveremos de tocar com suavidade o chão para sentir as lições de espantar a má sorte plantadas pela gente que faz daqui sua morada, conversa com a terra e corre montada no vento para manter aceso o candeeiro da esperança.

30. REZA DE VÓ

"Início, meio, início."

(Antônio Bispo dos Santos)

MINHA AVÓ paterna, dona Neuzinha, era devota de tudo que era santo e cultivava amizade com encantados. Segundo as palavras dela, amizade é mais que devoção, por isso que toda noite ela se botava a conversar com os meninos vaqueiros. Para quem não conhece os meninos vaqueiros, eu vos apresento. Eles são encantados e ganharam fama de ser uma espécie de são Longuinho das encruzilhadas entre sertão e pé da serra.

A história contada de boca e pendurada no pé da orelha conta que três irmãos tinham como obrigação tomar conta do boi de um senhor poderoso e um bocado ruim. Mas, certo dia os meninos perderam de vista o boi de maior zelo do patrão. Com medo do que poderia acontecer eles se enfiaram mata adentro atrás desse boi, mas nunca retornaram. Os vaqueiros que conhecem os segredos das matas e do chão rachado contam que eles até hoje continuam a andarilhar nas bandas do sertão e podem também ser vistos no pé de serra. Os valentes da lida do gado ainda contam que os meninos se perderam para ajudar as pessoas a se encontrarem. Assim, quem quer uma ajuda dos moleques basta pedir com jeito, fé, e fazer um agrado de cachaça, café e fumo.

Certa vez, peguei minha avó conversando com os meninos. Ela se balançava em uma rede e cochichava algo que não dava para entender. Quando perguntei qual era o assunto da conversa, ela arrematou: os meninos dizem que mesmo perdido ainda se pode inventar um caminho. Tomei lição desse saber passado pela minha avó, inventei uma reza para guardar na carteira e quando me encontrar longe dela cochichar no seu ouvido feito menino que trama no encanto.

"Para laçar infortúnios: invoque palavras de força, cavalgue nelas. Palavras têm o poder de afugentar o assombro. Se for necessário as invente.

Vista-se de zelação: cubra-se com a força do que é vivo, das águas aos ritmos, das plantas à mirada na luz do dia e da noite. A natureza vibra em tudo, conflui e transforma.

Brinque, seja gaiato: vaqueiros carregam meninos dentro de si. É da meninice que irá se obter a força que permitirá acessar o mundo sensível e fortalecerá a travessia que cada um fará nas asas do vento.

Tenha 'vista forte': ter vista forte é acreditar no que habita o invisível. Considere como possível aquilo que as mãos não conseguem pegar.

Corpos de sol e terra: mescle valentia e ternura, dureza e encanto. Compartilhe histórias de bravura em que ser vencedor é um mero detalhe.

REZA DE VÓ

Firme sua aldeia: feitos de terra são seres de encanto, sua sina é de ser enquanto coletivo. Nessa toada é tudo meu mano, meu parente, minha avó. Assim, quem vem na frente come o pedaço do mundo, mastiga e devolve para alimentar quem vem depois."

Bênção, vó.

31. ORUNMILÁ

"Nem um grande jacaré pode pegar e
comer uma palmeira de dendê."

(Refrão de Ifá)

TUDO QUE existe é dotado de inteligência cósmica. Tudo, exatamente tudo carrega parte da sabedoria, do poder criador e da identidade de Olodumare. Exu como pulsão cósmica dinamiza tudo. Orunmilá-Ifá testemunhou, guarda e tem sabedoria para que as coisas sejam bem conduzidas em suas itinerâncias. O que se move contém o sopro de Olodumare, somos arranjos cósmicos que bailam no serpenteado do tempo e que vêm ao Ayê para experimentar aquilo que foi firmado em pacto com nossas comunidades no Orun.

A chave desse processo de autoconhecimento é guardada e revelada por Orunmilá-Ifá em Odu. Somos parte da inteligência criadora, então nos conhecermos profundamente, a partir de Odu-Ifá, implica nos disponibilizarmos a aprender a pensar com essa inteligência. Orunmilá é sábio, pois guarda, revela, acessa e fala sobre os caminhos, interfaces, problemas compreendidos no sistema inteligente do cosmos. Orí, que nos acompanha nas itinerâncias da existência, é aquele que tem o poder de realizar o que uma boa escuta acolherá como conselho.

O conselho nesse caso não é somente uma boa palavra dita pela boca de um sábio, mas a narrativa que se conecta à profundeza do que cada um de nós somos, fomos, podemos vir a ser ou estamos sendo. A dificuldade é que na maioria das vezes não nos conhecemos, e por isso não ouvimos. Ouvir aqui não é mera disposição auditiva, mas ecológica, porosa, metafísica, espiritual.

Orunmilá sentou-se aos pés de Olodumare, comungou com o próprio desejo criador. Orunmilá tem como melhor amigo Exu, que dinamiza a criação, mobiliza e transforma tudo. Não há absolutamente nada que escape do conhecimento daquele que de forma maleável conecta todas as inteligências que compõem os ciclos da vida. Orunmilá despertou antes de tudo para se expandir distribuindo, recolhendo e comunicando as experiências que serão recontadas interminavelmente, pois são oriundas da própria força criadora.

As histórias testemunhadas por ele foram escritas no código existencial de cada uma das coisas que atravessam o mundo, ou seja, de tudo que existe, existiu ou poderá vir a existir. Essas histórias, sendo os próprios acontecimentos da vida, estão chaveadas como segredo nos livros de Ifá e disponíveis aos aprendizes do segredo para serem recontadas. O papel delas é chegar a cada um de nós para que as encontremos como reflexão, exercício e aprendizagem sobre nós mesmos. Histórias que nos ajudem a ir ao encontro do que somos, a anunciação de um belo acontecimento.

ORUNMILÁ

Como nos lembra um dos versos da sabedoria divina, o bom sol se conhece no despertar do dia.

Orunmilá está para os ditos humanos como uma sabedoria inalcançável, pois é constituinte, codificador e intérprete do tempo e de seus viajantes. Diante de sua força, expansão e maleabilidade como conhecimento, o que nos cabe ao receber seu axé apalavrado é sermos bons ouvintes, aprendizes e estudantes de sua poética. A palavra de Orunmilá não cai ao chão, exatamente por compreender a inteligência, a imensidão e a presença de Olodumare que constitui tudo que há.

32. PARA AS AVÓS DO MUNDO

"Òdì Nàná ewà, léwà léwà e
Òdì Nàná ewà, léwà léwà e."

(A outra face de Nanã é bonita,
A outra face de Nanã é bonita.)

(Cantiga de Nanã)

FILHO DE pai e mãe cearenses que dispersaram para o Sudeste, convivi pouco com meus avós na infância. Entretanto, criado em um subúrbio não tão distante, porém cada vez mais esquecido na pressa do nosso modo de vida, fui uma criança com muitos velhos por perto. Aliás, no recorte e contorno da infância como lugar de memórias essa era uma dupla afinada no bate-bola, ou seja, na linha de frente velho e criança não tinha para ninguém, era invencionice das boas.

Tenho perseguido essa trilha de mirar um ponteado em que esses fios se emendem. Daí, fiz dos encontros com minha avó paterna, dona Neuzinha, uma espécie de jardim, daqueles de quintal de vó em que se plantam folha perfumosa, folha para curar dor de barriga, folha para botar na carteira para dar sorte, em que se enfeita espada-de-são-jorge com casca de ovo, em que se pinta pedra com cal e nas estações mais amenas se ergue um girassol para apontar um rumo da beleza.

Fui fazendo do pouco muito, porque quintal é mais rico, bonito e inteligente do que qualquer alqueire de terra que não se conhece e não sabe conversar com planta. Assim, das lições passadas, poucas que rendem muito, dona Neuzinha arrematou que o importante não é achar o que se procura, mas sim não se perder daquilo que se é. Por isso, antes de o sono aconchegar o sonho, ela armava a escuta para dar passagem aos meninos montados na mística do encanto.

Foi meu amigo e mestre, porque aprendi com ele um bocado, Délcio Teobaldo, que quando fez cinquenta anos e resolveu tocar seu candongueiro nos pés da igreja da Lampadosa me chamou a tomar lição do vivido pela avó: "Rufino, se tome na pegada de sua avó." Dali em diante não deu outra, me enrosquei na ideia de que as avós guardam os segredos do mundo e mergulhei no açude. São elas os elos de imaginação e histórias que nos farão seguir viventes.

O candongueiro do Délcio virou sabiá e foi me apontando caminhos. Nas inúmeras conversas com outro mestre, Nêgo Bispo, ele me fez arrodiar em minha avó. Tomando café e pinga na Bahia, batendo perna e arrematando palavra com o mestre, ele vez em quando me atinava: Rufino, início, meio, início. Que diabo de mundo esse que tem pai, mas não tem avó... Bispo arremata: meu querido, tu és geração neto. Onde tem o neto tem avó.

PARA AS AVÓS DO MUNDO

Poucos dias atrás tirei uma tarde para tomar ensinamento de meu pai sobre como se faz uma roça. Aprender, mesmo que teoricamente, nessa altura do jogo me faz diferença. Ele falou da importância de casar a lavoura de rama com a de milho, pois o que rama se trepa para caçar a luz. Enquanto me falava sobre a roça brincava com os netos de armar um alçapão para pegar uma rolinha, que sempre era pega e solta em seguida. Os meninos perceberam que a rolinha retornava, independente do alçapão. Quem sabe, ela confiou o brincar.

Olhando a trama confiada pelo brincar entre velho, menino e bicho me alembrei que foi quando minha avó avoou que nós mais começamos a brincar, ambos arteiros de confiar histórias emendadas pelo tempo. Atados, confiados, devotos e cuidados pelo que viemos a ser, sendo um pouco um do outro nesse misto e mística de nome tempo. Das coisas mais importantes que minha vó deixou para mim é a capacidade de me reconhecer como continuidade dela, uma espécie de aprendizagem de roça e quintal que precisa ser cuidada para dar sustento e beleza à vida que irá prosseguir.

33. BANQUETE DOS CACHORROS

> "Vapor berrou na Paraíba,
> Chora eu, chora eu Vovó.
> Fumaça dele na Madureira,
> E chora eu."
>
> (Vovó Teresa)

TODO DIA é santo, mas tem vezes que é o santo que faz o dia. Ao gosto do santo se arruma, enfeita, cozinha, canta, bebe, brinca, brinca e brinca. Todo santo é feito gente e tem gosto por alguns fazeres. De lua em lua se pedem atos que façam da memória um céu de bandeirinhas e de uma ponta a outra vão se atando os nós, feito as andarilhagens no tempo. O presente se expande, se entrelaça, e com o corpo, como nos ensina a professora Leda Maria Martins, se inscrevem as sabedorias das pessoas e suas comunidades.

Observo pelas frestas de uma cortina de pipocas, confiada com zelo uma a uma na intimidade entre linha e agulha. O filósofo trama uma arqueologia do saber, dou um jeito no corpo

CAZUÁ

para em silêncio perseguir uma arqueologia dos fazeres cotidianos que avivam os moradores desse lugar chamado Brasil. É na vitalização do corpo que os ritos de axé se fazem, o corpo em transe, trânsito e travessia, dança com os saberes. Qual a política que as mulheres pretas dos morros e favelas daqui fazem?

Olho para Vovó Maria Joana, caço sua presença, acabo sendo próximo a ela, mesmo sem a ter visto. Ela devota do velho, assim como eu aprendi a ser, me inspira a me agarrar na ideia de uma política de vida que tem nos eixos ancestralidade, comunidade e encantamento suas motrizes. A preta velha jongueira dar de comer alimenta as subjetividades desmanteladas pela violência racial neste país. Ela arma o banquete que Platão não teria olho para ver, ritualiza o alimento para os famintos de cura.

O velho guardado em seu segredo faz o cuidado de sua gente. Vó Maria rezadeira de vista forte sabe que o velho caminha em todos os cantos varrendo os males e rogando os humildes, mesmo sendo invisível às vistas que querem ser grandes. Um país tacanho, radicalizado no racismo, catequese, oportunismo político e exploração da miséria pelo marketing da promessa não é capaz de tratar os famintos que pedem bênção ao velho. Tanto os praticantes do racismo religioso até às "boas intenções" dos regimes ocidentalizantes são incapazes de admitir que os terreiros daqui fazem do rito (poética) a política, o cuidado e a forma de proteger sua gente da fome existencial.

Vovó Maria Joana rezadeira, jongueira, mãe de santo, baiana do Prazer da Serrinha, referência para sua comunidade, guardiã do trem de memórias que apitou na velha estrada de ferro que arrodeia o Paraíba e sua fumaça se avistou no alto

BANQUETE DOS CACHORROS

dos morros da antiga Madureira fez a política das e dos mais velhos. Seu nome e os de outras tantas senhoras devem ser lidos, estudados e celebrados neste país. O senhor do sol na cabeça, da terra, reverenciado como rei na antiga costa africana e nas choupanas de palha aqui erguidas em rito de fé também. Vovó e o velho enredam as itinerâncias que se cruzam nos fazeres de quem faz do mundo seu caminhador.

Desço na antiga estação de Magno, colada à quadra do Império Serrano. Do alto da passarela observo a igreja no alto do morro, fé nos trabalhadores. Viro de banda para a Ministro Edgard Romero, do lado do Mercadão, e na descida encontro uma iaô com um cesto de pipoca nas mãos. Cato o troco, rodo na cabeça e ponho no cesto. Ela me devolve um sorriso, um punhado e emenda: sua bênção! Devolvo: pai abençoe, bênção!

Mais à frente uma senhora, passo miúdo e pano na cabeça, faz lembrar a Vó Maria. Ela me dá um sorriso, devolvo e ela emenda: Deus te abençoe. Na retina a iaô e a vovó feito fumaça em Madureira apitada por um imenso trem de memórias. Na cabeça de quem cata sentido e poesia no trivial segue uma cantiga atravessada: "Deus abençoe, Deus abençoe... Deus abençoe, Obaluaiê, Deus abençoe...". No horizonte sustentado pelo chão está o mistério da força da terra, do sol, cura e cuidado encantado em orixá.

34. TODO TEMPO NÃO É UM

"Por mais depressa que eu ande
Mais devagar eu chego na minha aldeia."

(Ponto de boiadeiro)

TODO TEMPO não é um, assim cantam os capoeiras nas voltas que o mundo deu e nas voltas que o mundo dá. Novo que se faz de velho e velho que brinca feito menino, dessa forma se passam adiante as mensagens vindas dos céus para que os daqui não esqueçam que o itinerário é cíclico. Das matérias que permeiam a escuridão até as que serpenteiam na luz. Dos viajantes das canoas daqui e dos de acolá. Das invenções imemoriais o que fica é o tempo. Tempo grande, terra alheia, tempo grande reina e governa a aldeia.

Não se briga com o tempo, é o que dizem as anciãs e mestras do cuidado. A sabedoria divina que o conhece em todas suas etapas, faces e jeitos diz que a paciência molda o caráter dos seres. Em outras palavras, ser paciente é saber ouvir e se permitir ser tocado pelo espírito do tempo. Como diz a máxima versada nos terreiros daqui: o tempo de Tempo.

Paciência não é sinônimo de espera, tem um tanto de arte, inteligência e malandragem. Nas rodas, tendinhas e esquinas uma sentença aponta a virtude: "Malandro é cadeira que espera bunda." É verdade que vez por outra existe quem tome um "chá de cadeira", e nesses momentos cabe pensar sobre ser cadeira que desbunda os que não sabem de tempo, que não escutam tempo e sequer têm tempo para si.

Orunmilá, que nos ensina, entre muitas coisas, a sermos sábios e aprendermos a escutar de forma sensível os vários sinais do tempo, fez divinação para o feijão-fradinho. Do céu caíram as palavras que o aconselhou o feijão-fradinho ter paciência. Olodumare diz que tudo que há no mundo é dotado de espírito, personalidade, e que as coisas para florescer precisam ter intimidade e aconchego com o tempo. O feijão-fradinho se dispôs a ouvir de forma cuidadosa e contínua, e ao se lançar na escuta foi tocado pelo sol, pela noite, pelos ventos, pela chuva, foi abraçado pela terra e foi visitado pelas estações.

O feijão-fradinho de contentamento e paz consigo mesmo se presentificou de maneira expandida, cresceu rama, rastejou, cedeu a mão aos que o ajudaram e vagarosamente subiu até o encontro da sua beleza, floresceu. Orunmilá em sua sabedoria infinita nos diz que a paciência, como sabedoria, intimidade e aconchego com o tempo é a mãe de todas as virtudes.

35. PROCISSÃO PRA ZÉ PELINTRA

Rio de Janeiro, 5 de março de 2022
Lapa, Santuário de Zé Pelintra.

PARA OS letrados em meio-fio, conhecedores dos jeitos que o corpo dá, preguiçosos crônicos, amantes desenfreados, mestres da elegância, combatentes da vacilação, catedráticos da rua, hóspedes da sarjeta, produto dos morros, becos, cortiços, subúrbios e por onde mais se inventam maneiras de acessar as expertises de gargalhar, esquivar, galantear e cantar a sorte de dias melhores. Ninguém é malandro porque quer, aliás esse é um dos princípios desse modo de ser. Contudo, ser devoto já é outra história, e, se o Rio tem os seus enredos com a malandragem, nada melhor do que um mestre das artes de espantar a miséria para guardar sua gente, principalmente aquela que é esquecida em meio aos abusos da Cidade Maravilhosa.

Um mar de gente, andarilhos de sina e sorte de ser com a perna no mundo. O mestre encantado firmado na ciência da jurema cruza a macumba carioca com sua fumaça, se adapta, pede cigarro e cerveja. Bom de jogo, conversa e improviso, emenda arte, festa, remédio e afeto que regam subjetividades inconformadas e rebeldes frente à dominação de um mundo desencantado. É necessário transgredir o controle do corpo e das imaginações para defender na rua, na gira diária, caminhos que alcancem a diversidade e o respeito mútuo. A cidade, contrária aos saberes da rua, se pinta como simulacro, empresa e apetrecho de gente sem graça contrária às invenções e à poesia dos batedores de perna, gatunos da razão que é descrente da esquina e descompassada com o sincopado dos comuns.

Entretanto, nessa mesma cidade, nas suas esquinas que se multiplicam ao infinito, o tambor batuca, a gargalhada desconcerta e se rasura a escassez para firmar terreiros que são maiores que o mundo. Querendo ou não, impondo seja qual for a forma de violência, nada nem ninguém é capaz de tirar do povo a capacidade de firmar seus pontos de esperança. É nessa toada que seu Zé virou santo na cidade de São Sebastião do Rio de Janeiro, santo da rua e de sua gente, aqueles que a praticam no chão, nas esquinas, ruas e praças para além de sua materialidade.

No ano de 2022, quatro dias após o aniversário da cidade do Rio, aconteceu a primeira passeata em homenagem a Zé Pelintra. O evento, organizado aos pés do Santuário de Seu Zé, na Lapa, é um marco das pedrinhas miúdas, aquelas que lançadas no tempo revelam a grandeza e beleza das histórias que insistem em ser escritas na rua com o corpo para serem cantadas e encantadas nas rodas e giras. No mesmo ano a Câmara Municipal aprovou, em caráter definitivo, o projeto

PROCISSÃO PRA ZÉ PELINTRA

que inclui o dia de Zé Pelintra no calendário oficial da cidade. Escolheu-se o dia 7 de julho para celebrar aquele que é um representante de garbo e elegâncias das expressões religiosas afro-indígenas e ícone da boemia carioca.

Nesse jogo de dois setes para brindar nosso amigo leal, peço licença para pôr mais um sete e pontear sete lições que o malandro nos dá para enfrentar com maestria um tempo desencantado, que insiste na contenção do corpo e da rua como lugar de invenção. Na cidade que não é simulacro, otário não faz moradia. A alma da cidade é o povo na rua, de rua e com a rua. O que conversa com os comuns que seja celebrado, o contrário que seja "descomemorado". Malandro sobe a ladeira para poder descer. Santos são os comuns. Quem faz o malandro é o otário. Por último, quem engana são os pobres de poesia.

Salve a malandragem!

36. BOTAR ROUPA

"Nos meus tempos de menino
Porém, menino sonha demais
Menino sonha com coisas
Que a gente cresce e não vê jamais."

("Todo menino é um rei", Nelson Rufino e Zé Luiz)

NO TEMPO em que fui criança parecia que todo mundo era macumbeiro. Uns eram curiosos, outros se encostavam por ali quando o bicho pegava, grande parte do povo fazia fé nos ritos cotidianos, mas tinha aquele povo que era bamba no arerê, e essa gente que levava o negócio a sério era classificada como aqueles que "botavam roupa".

"Botar roupa", sempre achei essa expressão belíssima. Minha mãe, que vira e mexe costurava para ganhar um trocado, vivia fazendo roupa para o povo que "botava roupa". Em outras palavras, costurava para o povo de terreiro. Foi na sala de casa, ainda moleque, que comecei a identificar que a roupa do pessoal da Tenda do Caboclo Ventania era diferente dos jalecos usados pelo pessoal do Templo Espírita Tupyara, que por sua vez não se pareciam nem um pouco com as baianas e abadás do candomblé de Pai Paulo de Oxalá.

As minhas memórias alcançam essa gente que "botava roupa" como tecelões da intimidade com o mistério, espanto com a beleza, amizade e cuidado com a comunidade. Os terreiros sempre me abraçaram pelas suas formas, rítmicas, corpos, cores, tecidos, linhas, babados, folhas, bichos, cheiros e gente. Essas textualidades lavraram em mim outra ideia de Brasil. Tenho, para mim, que as macumbas são uma das principais invenções produzidas por aqui. Elas têm como narrativas construtoras o enlace entre mortos, não humanos e diálogo intercultural.

As macumbas costuram nos cotidianos uma ampla rede de ritos, sabenças e invocações que firmam a memória de gente simples, quase nunca lembrada nos dizeres da história oficial. Como arte ela também nos oferece narrativas cifradas que negaceiam, desdizem, driblam e rasuram os discursos que se pensam como únicos. Ela performa movimentos que apontam horizontes a serem refeitos pelas subjetividades de sua gente. Atado a essa trama, continuo a apostar na macumba como chave para pensar a quizumba chamada Brasil. Meto a mão na cumbuca: como definir o que é macumba? Eu apostaria que a definir é impossível, mas a aposta está em seu exercício, em praticá-la das mais variadas formas que se apresentam como possibilidade em meio a um mundo desertificado de poesia.

Saio em defesa de que a macumba se expressa em seus praticantes e nas suas inúmeras formas de fazer com os repertórios passados comunitariamente em uma experiência terreirizada.

BOTAR ROUPA

A macumba ao mesmo tempo que provoca a repulsa dos "doutos" e a curiosidade dos "descolados" passa uma bela rasteira em ambos e escancara uma gargalhada na cara daqueles que a entendem como algo despretensioso e atrasado. A macumba rompe com a lógica aquebrantada imposta por um padrão elitista e chama para a roda as muitas inteligências que transitam nos diferentes mundos que aqui habitam.

No balaio que carrego percebo-a como brinquedo, esporro, remédio e afeto cotidiano. Em outras palavras, ela substancia minha inconformidade e rebeldia frente à dominação de um mundo desencantado. Por isso, saio em defesa de que é necessário transgredir o controle do corpo e das imaginações para defender na rua, na gira diária, caminhos que alcancem a diversidade e o respeito mútuo. A impressão que tenho é que a cidade em que nasci e me criei já foi mais macumbeira. Atualmente a cidade-simulacro, empresa e apetrecho de gente sem ginga, cresce contrária às invenções da rua, matas e esquinas. Entretanto, a cada tambor batucado, gargalhada dada e ponto riscado na areia, haverá de se rasurar a escassez e vestir o mundo com poesia feita por gente que "bota roupa" para na barra do tempo cantar um novo dia.

37. LIBERTEM OS SACIS

"Saci, uai, você nunca viu Saci, não?"

(José Antonio, mestre de catira)

O DIA 22 de agosto é o Dia do Folclore, data esquecida por muitos e lembrada quase sempre de forma equivocada por outros. Digo isso pois não é difícil achar quem já foi testemunha de como ela tem sido celebrada principalmente em ambientes escolares. Ao longo de décadas se repete um verdadeiro festival de aprisionamento de Sacis, Curupiras e Iaras que são distribuídos para serem pintados e amortalhados nos murais das escolas. Em uma sociedade estruturalmente racista e com um vasto legado de violência colonial que continua a operar efeitos até os dias de hoje, pouco problematizamos a questão do folclore no Brasil, a forma como nos é apresentado e as críticas que lhe podemos fazer. Por isso, tenho reivindicado que libertemos os Sacis dos murais e rodopiemos no arrebate das narrativas, memórias e saberes populares que escavem um Brasil profundo.

CAZUÁ

Tomo de empréstimo as palavras do professor Carlos Rodrigues Brandão, que diz: "Na cabeça de alguns, folclore é tudo o que o homem do povo faz e reproduz como tradição. Na de outros, é só uma pequena parte das tradições populares. Na cabeça de uns, o domínio do que é folclore é tão grande quanto o do que é cultura, por isso mesmo folclore não existe e é melhor chamar de cultura, cultura popular, o que alguns chamam de folclore." De forma perspicaz, Luís da Câmara Cascudo arremata a ideia de folclore da seguinte forma: "A cultura do popular tornada normativa pela tradição."

Tenho entendido que a noção de cultura popular diz acerca de múltiplas formas de existir, praticar o saber, tecer aprendizagens, circular experiências, firmar comunidade, narrar as coisas do mundo, brincar, fazer festa, disputa, cantar a vida, o trabalho, os amores, mistérios e pelejas. O Brasil abarca diferentes maneiras de ser que lidam das formas mais variadas com essas coisas. Da Zona da Mata ao morro de Mangueira, do Amazonas ao São Francisco, de um passeio a bordo da cobra grande à eterna viagem da Nau Catarineta, por aqui existem inúmeras maneiras de firmar os corpos e aldeias.

Todos esses traços, escritas e sentimentos dizem sobre as múltiplas pertenças, identidades e relações que por aqui se atravessam nessa invenção chamada Brasil. A cultura, fenômeno de caráter dinâmico, há de ser lida como um amplo repertório que nos diz sobre a sapiência, a complexidade, a ambivalência e as contradições de nossa gente. Certamente, ela nos dirá sobre a força inventiva, as táticas cotidianas de lidar com a vida, e falará também sobre as inúmeras violências, desigualdades,

LIBERTEM OS SACIS

estigmas e estereótipos tramados contrários à vida como esfera da diversidade e liberdade.

Encabulo-me com algumas ideias que professam a preservação da cultura popular, mas torcem o nariz para a textualidade das ruas, corpos e festas que avivam o Brasil. Matuto com a ideia de que, se em certa medida o chamado folclore impulsionou investigações e importantes debates sobre os modos de ser brasileiro, em outro ponto reificou estigmas, conservadorismos e principalmente racismo e subalternização de saberes. Implicado com isso e com a liberdade dos Sacis amortalhados nos murais das escolas, já armei minha peraltice. Já reservei o fumo e a cachaça para soprar nos quatro cantos, quem sabe o pé de vento não vai fazer fuzuê com a molecada.

38. O PAPA NEGRO DA UMBANDA

"Chegou o general da banda, he he
Chegou o general da banda, he a, he a
Chegou o general da banda, he he
Chegou o general da banda, he a, he a."

("General da banda", José Alcides, Satiro de Melo, Tancredo Silva)

NAS BANDAS da Guanabara já tem tempo que as coisas funcionam da seguinte maneira: a lua gira, o ano desembesta e o povo que é chegado em um fuzuê e faz fé de que a vida vai melhorar arma a cama para aconchegar o novo. Na casa dos Carijós, na terra banhada pelas águas da baía, o último dia do ano é de festa na beira do mar. O réveillon é uma das marcas dessa cidade, que ganhou fama com o povo de fora e fez os daqui se encherem de graça com o furdunço.

Entre flores, fogos, sidras, afago e esporro nas areias de Copacabana, o que a cidade de São Sebastião do Rio de Janeiro parece que esqueceu são os bambas que deram de comer ao fundamento. Nas muitas aldeias que habitam o lugar está plantado o saber daqueles que são comumente esquecidos pela narrativa oficial. O que não sabem é que as esquinas, matas, praias e moradores do lugar jamais se esqueceram daqueles que lhe deram de comer. Tata Tancredo da Silva Pinto é um dos nomes a ser celebrado em todas as bandas dessa capital macumbeira, principalmente quando os ritos mobilizados pelo seu axé ganham a expressão que têm atualmente.

A cidade do Rio de Janeiro deve ter a responsabilidade de assumir que festejar a passagem do ano na praia foi iniciativa comunitária dos povos de terreiro. Tata Tancredo nasceu em Cantagalo, no interior do estado, e é herdeiro de gente que raspou o fundo da gamela. O "Papa Negro da Umbanda", como era conhecido, foi um dos principais divulgadores e defensores das tradições africanas no Brasil. Conhecido também como rei do Omolokô, veio de uma família de praticantes dos encantos de fé e folia. Íntimo dos blocos e cordões de carnaval, se destacou como compositor do sucesso "General da banda", gravado pelo cantor Blecaute.

Foi decisivo na fundação, organização e defesa das federações de umbanda, missão dada, segundo o próprio Tata, por Xangô, que baixou no terreiro de sua tia Olga da Mata em Duque de Caxias. Tata Tancredo se empenhou na luta da descriminalização das práticas de terreiro, algo muito comum na primeira metade do século XX, e na crítica ao embranquecimento das práticas, principalmente da umbanda. O kumba brincou e encantou a cidade, fez curimba no Maracanã reunindo milhares de macumbeiros, fez o santo baixar no meio da ponte Rio–Niterói e instituiu os festejos do dia 31 nas praias da cidade. Com uma biografia ampla como os riscados das umbandas, Tata Tancredo tem mais história do que letra no jornal.

Cabe à cidade que todo ano se arruma em festa para despachar o velho e acender as esperanças no novo lembrar que esse fuzuê tem fundamento em nomes que fizeram dessa casa um grande terreiro. O Rio de Janeiro que se orgulha de fazer o réveillon precisa honrar a memória desse bamba inventor de mundo e lembrar que o fundamento da festa não é francês, pois o povo que encanta as águas na virada já o faz.

39. ENCRUZA

"Odára ló sòro, Odára ló sòro lóònòn
Odára ló sòro e ló sòro Odára ló sòro lóònòn."

(Ódara pode tornar o caminho difícil,
Ele é o senhor do caminho.)

(Cantiga de Exu)

EM UM dos mitos de Ifá conta-se que Exu foi presenteado por
Oxalá com o domínio das encruzilhadas. O grande orixá fun-
fum, reconhecendo os favores de Exu ao longo de dezesseis anos
cuidando da porta e dos caminhos de sua casa, o brindou com
este poder. No mito, que sintetizo de forma proposital, o que
mais me chama a atenção é o fato de que Exu, permanecendo
atento na encruza que guarda a casa de Oxalá, aprendeu de
um tudo.

Percorrendo as passagens de Ifá em que Exu protagoniza
as principais ações, é marcante o caráter pedagógico assente
no orixá. Esse traço nos possibilita múltiplas reflexões sobre as
coisas do mundo e nos impulsiona a tensionar os limites daquilo

que entendemos enquanto conhecimento. Nesse sentido, arreio duas hipóteses que persigo na tarefa de cismar. A primeira é que a interdição do signo Exu é ponto fundamental para a edificação e o funcionamento da engrenagem do mundo moderno ocidental, que tem como base o racismo e colonialismo.

A segunda é que a transgressão a esse padrão de poder ganha força política, criativa e estética incomensurável com a presença e o reconhecimento de Exu enquanto esfera de conhecimento e diversidade.

Uma das apostas que tenho feito tem se dado na encruzilhada enquanto disponibilidade filosófica para se problematizar a política, a sociedade e a educação. Quando me perguntam com quem dialogo sobre tal reflexão ou quem é o autor responsável pelo conceito de encruzilhada, eu logo digo: é Exu.

Assim, tomando como base o repertório poético de Ifá e algumas gramáticas afro-brasileiras, a encruzilhada emerge como substantivo para a proposta de uma pedagogia arrebatada por Exu. Em outras palavras, um projeto político e educativo que tem como fundamento os princípios e potências desse orixá e pratica a transgressão dos parâmetros coloniais. Nesse tom, como quem cospe cachaça ao vento, digo: a encruzilhada não é mera metáfora ou alegoria, nem pode ser reduzida a uma espécie de fetichismo próprio do racismo que opera no campo do saber e de uma razão assombrada por um fantasma cartesiano.

A encruzilhada é praticada cotidianamente por inúmeros seres comuns, que inventam nas dobras do tempo tecnologias e repertórios poéticos de espantar a escassez com a abertura de caminhos. A encruzilhada como entroncamento e atra-

ENCRUZA

vessamento de existências traz na palavra caminho o sentido da possibilidade. Exu, como dono da encruzilhada, matriz e motricidade do projeto educativo, é um primado ético que diz acerca das existências, dos conhecimentos e das relações entre tudo que existe, e nos ensina a buscar uma constante e inacabada reflexão sobre os nossos atos. É por isso que nosso compadre é tão perigoso para esse mundo monológico e para um modelo de sociedade irresponsável com o que se exercita enquanto vida.

Minha aposta é na encruzilhada como horizonte do sentir, fazer e pensar. Mas cabe dizer que, contrastando com a encruzilhada, o nosso Brasil tem se expressado cada vez mais "cruzadista", tacanho, obcecado pela retidão dissimulada e castradora. Exu, ao contrário disso, é o radical da vida, diversidade, invenção, comunicação, e nos diz sobre a capacidade de nos inscrevermos como ato de beleza e responsabilidade. A face brincante, transgressora, pregadora de peças e de artimanhas denota Exu como contraponto necessário a esse latifúndio de desigualdade e mentira, assim como força vital que há de ser invocada para os seres que se erguerão na tarefa cotidiana de riscar os pontos de um mundo que se faça pela diversidade de caminhos.

40. MORADA

"Você está vendo aquela casa pequenina
Lá no alto da colina que eu mandei fazer
É lá que malandro mora otário não tem moradia."

(Ponto de malandro)

ERA INÍCIO dos anos 2000, em Vaz Lobo um sol era sustentado pela cabeça de cada cristão. Ali no entremeio, naquele furdunço cósmico em que um lado é Serrinha e o outro é Congonha. Do lado esquerdo de quem vem de Irajá o mundo é erguido pela velha agremiação União de Vaz Lobo, e do outro o Motel Omaha o equilibra de mão dada com a Igreja Universal do Reino de Deus. É nessa paisagem suburbana que seu Zé Pelintra, aconchegado em dona Alcione, aparecia uma vez por mês para bater o cartão de trabalhador do SUS espiritual.

Seu Zé, que é galante sem ser besta, não fazia muita pompa e vinha no lar de dona Alcione, que morava em um quarto e sala. Não pensem que por ser em um quarto e sala a macumba era menos arrumada, pelo contrário. A cambona era Edite, diretora de uma escola pública, que em público jurava de pé junto não ser macumbeira, e caso fosse apertada soltava que era espírita, porém crismada. Edite conhecia o gosto de seu Zé, além de se gabar de ser sua conterrânea, já que ela, assim como o mestre, era natural da cidade de Afogados da Ingazeira. Edite não podia ouvir a cantiga, "oh, Zé, quando vier de Alagoas...", que pulava feito onça e batia o pé dizendo: Zé nunca foi de Alagoas, ele, como eu, é de Pernambuco.

No ataque do time estava o moleque Borracha, tambozeiro de valor, que tinha mais ponto na cabeça do que despacho nas esquinas de Madureira. Seu nome de batismo era Expedito, por conta do folheto do santo. Borracha foi dado por ser jovem aprendiz, o famoso faz-tudo, na borracharia do Bira. O Bira, por sua vez, era Ubirajara, nome dado por conta do caboclo que quando vem da aldeia traz na cinta a cobra coral. Bira era obreiro na Igreja Universal, e se converteu depois que quase foi pego em delito por viver um amor clandestino. Aos 45 do segundo tempo, jogou tudo na conta do senhor, pulou o muro do Motel Omaha e trocou o futuro terno de madeira pelo de varão.

Dona Alcione, a camisa 10, dava passe, marcava firme, fazia dupla função, batia escanteio e corria para cabecear. Mesmo diante dos aperreios da vida, ela dava um jeito de arrumar a casa. A porta sempre aberta para os bons ventos, os cantos limpos, o cheiro de alfazema tomando conta da sala para que os ventos bons pudessem entrar. Ali se firmava o terreiro, o corpo, o mundo, a casa, o cazuá. Segundo ela, morada é tudo aquilo que se arruma para o que é bom chegar e ali fazer hora. Na sua filosofia batida no suor e poeira da correria de gente simples, o bem faz morada onde se tem zelo, cuidado e apreço pela vida, mas o bem não fica parado, já que precisa ir à luta.

Dona Alcione, Edite, Borracha e Bira davam conta do recado para firmar de ponta a ponta o quarto e sala, receber seu Zé e mais quem viesse da outra banda para o malandro trabalhar. Vejam vocês, em qual outra instituição fora da macumba se tem notícia de malandro pegar no batente? Nas segundas-feiras o couro comia e seguia o repertório das invenções cotidianas, quem menos tem é quem mais dá porque contraria a lógica do olho grande e faz com pouco muito, conhece a falta e sabe que repartindo também se multiplica.

Se no Brasil que quer ser grande existem aqueles que juram de pé junto que o sagrado só faz morada em um canto, no Brasil miudinho a beleza, o encanto e a poesia transitam por várias esquinas e fazem sala, arrumam cama, brincam e descansam nos fazeres de sua gente. Borracha, curimbeiro de mão cheia, carregado de magia no cantar, emendava em alto e bom som no terreiro aprumado no quarto e sala: "Foi na rua da Amargura, aonde Zé Pelintra morava… foi na rua da Amargura, onde Zé Pelintrava morava…".

Seu Zé, elegante como só ele, acochambrado em dona Alcione, deixou virar o canto, pediu que o moleque acendesse um cigarro, ofereceu um gole de cana e no pé do ouvido pendurou o seguinte dizer: "Eu moro lá e moro aqui. Eu moro ali e acolá. Sou da mata e da esquina, do pé descalço e panamá. Sou Zé Pelintra do Brasil, moro no corpo que puder me aconchegar."

Borracha, moleque malandro de Turiaçu, esperto o suficiente para saber que ainda tinha muito o que aprender, acolheu na pele o palavreado de encanto, e para rumar a prosa, como se pede no código de galanteria das macumbas, emendou na virada do couro: "Seu Zé Pelintra, onde é que o senhor mora? Seu Zé Pelintra, onde é sua morada? Eu não posso lhe dizer porque você não vai entender, eu nasci no Juremá, minha morada é bem pertinho de Oxalá."

GLOSSÁRIO

Aganju: orixá respectivo a natureza e poder dos vulcões. No Brasil há a interpretação que Aganju se refere a uma das qualidades de Xangô. Na canção Babá Alapalá de Gilberto Gil essa relação é expressa no verso: *"Aganju, Xangô. Alapalá, Alapalá, Alapalá, Xangô, Aganju."*

Agueré: ritmo presente nos candomblés Ketu no Brasil, vinculado principalmente ao orixá Oxóssi e ao clã dos odés (guerreiros e caçadores). A base rítmica do agueré está presente em diferentes manifestações culturais, como em algumas baterias de escolas de samba (Portela e Mocidade), blocos afro e na música popular brasileira. Para o músico e pesquisador Lucio Sanfilippo, que desenvolveu estudo acadêmico sobre o tema, o agueré imbrica festa, música, toque, dança e canto. Nas palavras do autor, essa bricolagem explica o transbordamento do elemento sacro para outras práticas culturais, formando uma das bases rítmicas da musicalidade negro-africana na diáspora.

Alá: pano ou pano branco. Nesse caso, faz referência ao elemento ritual de Obatalá/Oxalá.

CAZUÁ

Aluá: bebida feita à base de farinha de arroz, milho torrado ou cascas de abacaxi. Provavelmente do quimbundo uálua, cerveja.

Caboclo Roxo: entidade popular nas umbandas e macumbas brasileiras. Baixa na linha dos caboclos de penas e é chamado pelo seguinte ponto: *"Caboclo Roxo da pele morena, ele é de Oxóssi, é caçador lá da jurema. Ele jurou e tornou a jurar em seguir os conselhos que a jurema mandou dar."*

Calunga grande: Nas umbandas é lida como o oceano. Do termo multilinguístico banto, kalunga está associado à ideia de imensidão, insondável. Calunga expressa também os ciclos de vida e morte que compreendem o curso ancestral das existências.

Camuringa: nome banto para a cachaça.

Canjira: O mesmo que "gira", significa um conjunto de danças rituais ou práticas circulares. Em algumas umbandas, também se referem a Ogum como aquele que abre a gira, em alusão a uma antiga divindade banta que seria "o protetor". Em 1953 J.B. de Carvalho gravou "cangira", ponto cantado que ganhou grande popularidade no cancioneiro da umbanda*: "meu pai vem de Aruanda e a nossa mãe é Iansã. Gira, deixa a gira girar. Gira deixa a gira girar...".*

Cauris: búzios, conchas que consagradas são utilizadas como oráculo, popularmente conhecido como jogo de búzios.

Cumeeira: um dos pontos de força e sustentação do axé nos terreiros.

GLOSSÁRIO

Ebó: nomeação dada às tecnologias presentes nos ritos negro--africanos que têm como objetivo fortalecer as energias benéficas e deslocar, afastar, e limpar as maléficas. A noção de ebó é comumente vinculada à ideia de sacrifício, entretanto interpreto o ebó como um saber praticado que cumpre a função de equilibrar, avivar, apaziguar forças e restituir o axé.

Efó: efó ou ofó expressão utilizada para designar recitações de encantamentos.

Filá: uma espécie de gorro. Utilizado ritualisticamente e presente em algumas narrativas míticas dos iorubás. Em algumas dessas histórias ele aparece como elemento de destaque das peripécias de Exu. Na canção "Bravum de Elegbara", composta por Luiz Antonio Simas e Moyséis Marques e cantada por Fabiana Cozza, o termo aparece no verso: "filá de banda encarnada, a outra de noite preta". O verso faz menção ao mito de Exu presente em um dos duzentos e cinquenta e seis odus Ifá.

Gameleira: árvore sagrada nas tradições afro-brasileiras, principalmente nos candomblés. A gameleira-branca corresponde ao orixá Iroco. Paulo César Pinheiro que tem um vasto repertório de composições que tematizam a cultura afro-brasileira escreveu a canção "Gameleira-branca": *"Pra quem tem licença a porteira do mundo nunca tranca. Pra quem tem a benção do dono da gameleira-branca."* Nos terreiros de candomblé Ketu no Brasil, a árvore é vestida com um laço branco que a identifica como sendo o próprio orixá.

Gongá: altar da umbanda, do quimbundo *ngonga*. Na música, "Candidato Caô Caô", de Walter Meninão, Pedro Butina e imortalizada na voz de Bezerra da Silva a palavra aparece no seguinte verso: "É, ele fez questão de beber água da chuva, foi lá no terreiro pedir ajuda, bateu cabeça no gongá."

Imolação: rito de sacralização do alimento dos orixás e sua partilha com a comunidade.

Jinka: ritmo presente nos candomblés Ketu no Brasil.

Juremeira: expressão popular que designa saberes e mistérios do culto da jurema sagrada e dos usos rituais da jurema, que é também uma planta cerimonial de parte das tradições indígenas no Brasil.

Kiumba: na tradição das umbandas e macumbas brasileiras, são tidos como espíritos que não seguem as leis da umbanda. Em outros termos, seria também um espírito obsessor, importuno e importunador.

Kumba ou cumba: poetas feiticeiros. Em uma livre interpretação os localizo também como filósofos da linguagem. Aqueles que têm o poder de invocar, mobilizar, encantar e erguer corpos e mundos por meio da palavra em transe.

Linha de umbanda: expressão que designa a organização das diversas formas de trabalho espiritual nas tradições das umbandas no Brasil. A linha de umbanda é o termo genérico que compreende diversas formas de trabalho dentro do culto, ou seja, diferentes linhas. Entre as linhas mais comuns na base

GLOSSÁRIO

das tradições das umbandas no Brasil estão as de caboclo, preto velho/povo do cativeiro/linha das almas e as de Exu, também nomeadas como povo da rua.

Macaia: Em sua origem banta, o termo quer dizer "folha sagrada", e nas umbandas refere-se às folhas que estão no chão durante as cerimônias feitas dentro da mata. Há também a referência às folhas que são colocadas no chão em algumas cerimônias dentro do terreiro. Em 1974 foi lançado o LP "Na gira dos caboclos", um grande sucesso até os dias de hoje entre os praticantes das umbandas. Nele há uma faixa intitulada, Caboclo Tupinambá que traz o seguinte verso com menção ao fundamento da macaia: *"Tupinambá é ganga na macaia, tupinambá aê, tupinambá. Tupinambá guerreiro de Oxóssi, tupinambá aê, tupinambá."*

Mariô: folhas do dendezeiro, que na tradição dos orixás são utilizadas cerimonialmente em diferentes momentos do culto e circunstâncias.

Mironga: mistério, segredo ou secreto. Provavelmente do quimbundo *milonga*.

Mumunha: artimanha, uma espécie de saber ou habilidade. Provavelmente do quimbundo *mumonya*.

Obé: faca, faca de corte utilizada nos ritos.

Orí: nomeação dada a cabeça, que na cosmogonia iorubá é uma divindade e um princípio individualizado. O Orí é composto pelo Orí ode (cabeça física) e o Orí inú (cabeça interior), a dimensão interior de Orí é quem recebe a força (axé) dos elementos ofertados no ritual do Borí, lido como um rito de alimentar a cabeça.

Orun e Ayê: as tradições iorubás compreendem a existência como um duplo entre Orun (Òrun) e Ayê (Àiyé). O Ayê seria a terra, a manifestação material das coisas. Já o Orun seria a dimensão sobrenatural, aquela em que habitam os espíritos, morada sagrada das divindades, tempo e espaço onde residem os fundamentos ancestrais de tudo que foi criado.

Pemba: espécie de giz utilizada nos ritos da umbanda e das macumbas no Brasil. Do quicongo mpemba, giz ou cal. Uma das expressões mais populares da cultura das macumbas brasileiras é: "segura a pemba". A expressão diz sobre a capacidade de se ter firmeza para executar algo com força e vigor.

Quizila: o termo de origem banto está vinculado à noção de tabu, interdição, aversão ou mesmo proibição ritual ou alimentar.

Riscado: expressão popular entre praticantes das umbandas e das macumbas brasileiras para se referir aos símbolos utilizados nos ritos, como os pontos riscados. A expressão popular, "entende do riscado", diz sobre os conhecimentos das gramáticas presentes nesses universos.

Vassi: ritmo presente nos candomblés Ketu no Brasil.

Zabumba: instrumento percussivo presente em diferentes tradições musicais no Brasil, principalmente no forró. Popularizado pela difusão da cultura nordestina na obra de Luiz Gonzaga, a zabumba junto com o triângulo e a sanfona compreendem a "trinca" do forró.

REFERÊNCIAS BIBLIOGRÁFICAS

BRANDÃO, Carlos Rodrigues. *O que é folclore?* 1. ed. São Paulo: Brasiliense, 1982.

CASCUDO, Luís da Câmara. *Dicionário do folclore brasileiro.* 10. ed. Rio de Janeiro: Ediouro, s.d.

FREIRE, Madalena. *A paixão de conhecer o mundo: relatos de uma professora.* 22. ed. Rio de Janeiro: Paz & Terra, 2023.

KRENAK, Ailton. *Ideias para adiar o fim do mundo.* 1. ed. São Paulo: Companhia das Letras, 2019.

LOPES, Nei. *Guimbaustrilho e outros mistérios suburbanos.* Rio de Janeiro: Dantes, 2001.

MARTINS, Leda Maria. *Afrografias da memória: o reinado do Rosário no Jatobá.* São Paulo: Perspectiva; Belo Horizonte: Mazza Edições, 1997.

RIBEIRO, Sidarta. *O oráculo da noite: a história e a ciência do sonho.* 1. ed. São Paulo: Companhia das Letras, 2019.

SANTOS, Juana Elbein dos. *Os nàgô e a morte: Pàde, Àsèsè e o culto Égun na Bahia.* Petrópolis: Vozes, 1976.

SANTOS, Maria Moura dos; SANTOS, Marcos Andrade Alves. *A mística dos encantados.* Trairi: Editora Edições e Publicações, 2020.

SIMAS, Luiz Antonio; RUFINO, Luiz. *Fogo no mato: a ciência encantada das macumbas*. Rio de Janeiro: Mórula, 2018.

SODRÉ, Muniz. *Samba, o dono do corpo*. 2. ed. Rio de Janeiro: Mauad, 1998.

ZALESKI, Clairí; RUFINO, Luiz. "A mulher do diabo não morreu: pombagira, demonização do feminino, batalhas poéticas e do saber contra o abuso colonial". *Revista Ensaios Filosóficos*, n. 27, 2023.

*O texto deste livro foi composto em
Garamond Pro, em corpo 12/16*

*A impressão se deu sobre papel off-white
pelo Sistema Cameron da Divisão Gráfica
da Distribuidora Record.*